DE
QUELQUES INTERDITS

POSSESSOIRES

EN DROIT ROMAIN

DU
CUMUL DU POSSESSOIRE ET DU PÉTITOIRE

EN DROIT FRANÇAIS

THÈSE

PRÉSENTÉE A LA FACULTÉ DE DROIT DE POITIERS
POUR OBTENIR LE GRADE DE DOCTEUR
Et soutenue le lundi 14 juin 1875 à 3 heures du soir
DANS LA SALLE DES ACTES PUBLICS DE LA FACULTÉ

PAR

F. L. E. LEPETIT,

ANCIEN JUGE SUPPLÉANT AU TRIBUNAL DE CHAMBON
JUGE DE PAIX DU CANTON DE CHAMBON (Creuse).

POITIERS.
A. GIRARDIN, LIBRAIRE-ÉDITEUR
RUE SAINT-PORCHAIRE, 25.

1875

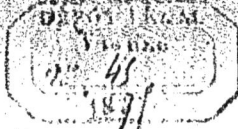

FACULTÉ DE DROIT DE POITIERS.

DE

QUELQUES INTERDITS

POSSESSOIRES

EN DROIT ROMAIN

DU

CUMUL DU POSSESSOIRE ET DU PÉTITOIRE

EN DROIT FRANÇAIS

THÈSE

PRÉSENTÉE A LA FACULTÉ DE DROIT DE POITIERS
POUR OBTENIR LE GRADE DE DOCTEUR
Et soutenue le lundi 14 juin 1875, à 3 heures du soir
DANS LA SALLE DES ACTES PUBLICS DE LA FACULTÉ

PAR

F. L. E. LEPETIT,

ANCIEN JUGE SUPPLÉANT AU TRIBUNAL DE CHAMBON
JUGE DE PAIX DU CANTON DE CHAMBON (Creuse).

POITIERS
IMPRIMERIE DE A. DUPRÉ
RUE DE LA PRÉFECTURE
—
1875

F

A M. LE PREMIER PRÉSIDENT

ET

A M. LE PROCUREUR GÉNÉRAL PRÈS LA COUR D'APPEL DE LIMOGES

Hommage de mon profond respect

———

A MM. LES MEMBRES

Du Tribunal civil de Chambon (Creuse)

Hommage de ma respectueuse gratitude

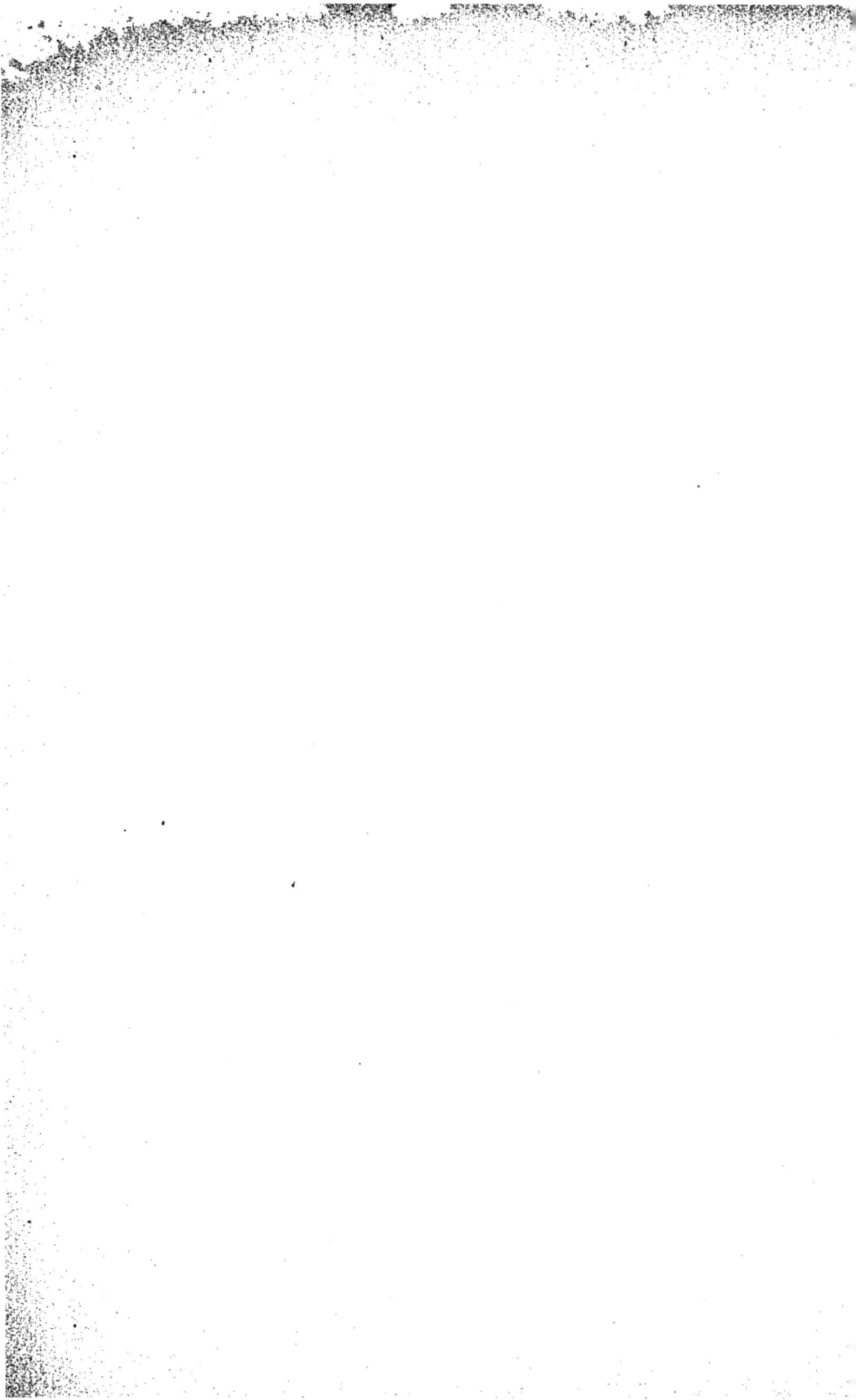

DROIT ROMAIN.

DES INTERDITS POSSESSOIRES.

INTRODUCTION.

Notions générales sur les interdits.

La législation romaine, à son origine, ne connaissait pas les actions possessoires. Sous le système des
actions de la loi, les procès sur la possession se con-
fondirent pendant longtemps avec ceux en revendication. La possession ou la jouissance provisoire de
l'objet litigieux était réglée par le magistrat et adju-
gée à l'une des parties pendant le cours et pour la durée du procès en revendication. Elle devait fournir,
pour le cas où elle succomberait, les *prædes litis et
vindiciarum* à l'effet de garantir son adversaire de la
restitution de la chose litigieuse et de ses fruits.

La possession prit cependant d'assez bonne heure
place à côté de la propriété avec ses modalités et ses
règles propres. Le préteur, en sa qualité de gardien
de l'ordre dans la cité, comprit qu'il fallait suppléer

1

aux lacunes du droit civil en promulguant des règles spéciales sur les points que le droit civil n'avait pas prévus. Ainsi la possession en elle-même n'était point protégée par le *jus quiritium*, mais celui qui possédait ne devait pas, par cela seul qu'il était hors d'état de prouver sa propriété, pouvoir être impunément troublé par le premier venu. Il fallait de plus mettre fin à ces rixes, à ces querelles incessantes, à ces voies de fait qui troublaient l'ordre et la tranquillité publique. Le préteur intervint donc, en l'absence de toute règle posée par le droit civil, pour faire respecter la possession. Il intervint surtout, *maxime*, dit Gaïus, *cum de possessione aut quasi possessione inter aliquos contenditur*. De là l'origine des interdits possessoires.

Il serait téméraire d'assigner à cette origine une date précise. En effet, la transition du premier système au second fut loin de s'accomplir brusquement ; ce ne fut que par des empiétements lents et graduels, des analogies frappantes, que s'opéra la substitution. Mais l'interdit paraît être un des organes les plus anciens du droit prétorien. Aussi voyons-nous Cicéron (*Pro Cæcina*, 16), après avoir donné son avis sur une difficulté à laquelle donnait lieu un interdit, ajouter : *Hoc quidem jam vetus est et majorum exemplo multis in rebus usitatum*.

L'interdit (*interdictum*) consistait dans une ordonnance portant injonction ou défense délivrée par le préteur sur la demande d'une partie, à l'occasion d'une contestation : *Erant autem interdicta formæ atque conceptiones verborum quibus prætor, aut jubebat aliquid fieri, aut fieri prohibebat*.

Utile à son origine, l'interdit perdit peu à peu de son importance avec les progrès du système formulaire. La procédure compliquée, ainsi que nous le verrons bientôt, qui devait se dérouler devant le préteur pour qu'il procurât un résultat utile, et, d'autre part, l'*imperium* de plus en plus étendu du préteur qui lui permit de créer des actions, devaient bien vite les rendre rares dans la pratique. Aussi le préteur, ayant le choix entre l'interdit et l'action, adopta-t-il souvent ce dernier mode de solution, même sous le système formulaire. Cependant les Romains n'aimant pas à changer leurs habitudes, les vieilles formes se maintenaient en pratique, bien qu'elles n'eussent plus leur raison d'être. Nous voyons au temps des jurisconsultes concourir alternativement avec la voie d'un interdit la ressource d'une *actio in factum*. Leur domaine paraît être le même, et ce serait une vaine tentative que d'essayer de circonscrire le genre d'affaires qui devaient être réservées à la procédure des interdits pour les séparer de celles qui devaient être décidées au moyen d'actions *in factum*. Enfin la période de la *cognitio extraordinaria* vint leur porter le dernier coup. On évite dès lors d'employer l'interdit pour y substituer le régime plus expéditif de l'*exsecutio extraordinaria*. Souvent aussi des actions *in factum* sont données là où anciennement on usait de la voie des interdits. Concluons de là qu'à l'époque des grands jurisconsultes l'heure des interdits était passée. Les besoins qui les avaient fait naître n'existaient plus. Ils fonctionnaient sans doute encore par suite du respect que montraient les Romains pour leurs anciennes institutions; mais il n'y avait plus là qu'une forme vieillie dont on tendait à se débarrasser de jour en jour. Sous Justinien on n'en trouve plus de traces. On ne va plus demander au préteur l'ordre qui constitue l'interdit; on le suppose rendu, et l'on procède par action directe portée devant le magistrat compétent. Telles sont les idées les plus universellement admises par les romanistes modernes sur l'origine et l'existence des interdits.

Parmi les interdits, ceux qui tenaient la place la plus importante étaient, sans aucun doute, les interdits possessoires. Ils se divisaient, suivant leur objet, en trois grandes classes : *Quædam*, disent Gaïus et Justinien, *adipiscendæ possessionis causa comparatæ sunt, quædam retinendæ, quædam recuperandæ.* Paul (l. 2, § 3, D., *de interd.*) y ajoute une quatrième classe relative à des interdits qui auraient pour but *tam recuperandæ quam adipiscendæ possessionis.*

Les limites étroites dans lesquelles doit se mouvoir notre sujet ne nous permettent de nous occuper que des interdits *retinendæ et recuperandæ possessionis causa;* et encore ces derniers présentant dans leur spécialité des variétés infinies, nous ne parlerons que de ceux qui nous semblent avoir quelques affinités avec les actions possessoires de notre législation française.

CHAPITRE PREMIER.

INTERDITS *retinendæ possessionis.*

Les interdits de cette classe n'ont trait qu'à la possession. La décision rendue laisse subsister entre les parties une question plus grave, celle relative à la propriété de la chose en litige. Le plaideur qui a triomphé sur un interdit de cette espèce n'a obtenu gain de cause qu'au point de vue de la possession. L'arène judiciaire n'est pas fermée. Une lutte nouvelle peut s'engager au pétitoire ; on sait quel est le possesseur, on ne sait pas encore quel est le propriétaire. *Nihil commune habet proprietas cum possessione :* telle est la règle qui du droit romain a passé dans notre droit français.

Dans cette classe d'interdits, la possession forme l'élément indispensable du succès. La mission du juge est, en effet, de rechercher quel est celui qui a la possession, ou bien d'examiner si celui qui se plaint d'avoir perdu la possession l'avait réellement ; en outre, si la possession actuelle ou passée était exempte des vices dont l'absence est nécessaire pour qu'il y ait lieu à invoquer l'appui du droit en faveur de l'état de fait troublé ou anéanti.

La possession *ad interdicta* (*naturalis possessio*) ne doit pas être confondue avec la possession *ad usucapionem* (*civilis possessio*). Le droit prétorien protégeait la possession qui réunissait les deux éléments du *corpus* et de l'*animus domini ;* que le possesseur eût juste titre ou non, qu'il fût de bonne ou de mauvaise foi, il pouvait faire respecter sa détention au moyen des interdits possessoires. C'est là la règle posée par le savant jurisconsulte allemand de Savigny, et qui semble la plus accréditée.

La législation romaine connaissait deux interdits ayant pour but le maintien de la possession, *retinendæ possessionis causa*. L'un, relatif aux immeubles (*de fundo vel ædibus,* Gaï., IV, 150), était appelé, à raison des premiers termes usités dans l'interdit, *uti possidetis* ; l'autre, concernant les meubles (*de re mobili,* Gaï., *ibid.*), était appelé, pour le même motif, *utrubi.*

Nous allons examiner successivement les principes applicables à chacun d'eux.

SECTION I.

DE L'INTERDIT *uti possidetis.*

Ulpien, Gaïus et Justinien, justifiant l'introduction des interdits *retinendæ possessionis*, s'accordent à dire qu'ils auraient servi à déterminer le rôle de défendeur à l'occasion d'une revendication projetée, en fixant quel est celui des deux prétendants à la propriété qui jouira de l'avantage de cette position. L'avantage du rôle de défendeur est, en effet, considérable. Il dispense de toute preuve celui qui a réussi à se le faire attribuer, et si son adversaire ne parvient pas à prouver sa propriété, les choses resteront *in statu quo* : l'objet litigieux sera conservé par celui qui a le bonheur de le posséder. *Si modo actor non potuerit suam esse probare, remanet suo loco possessio, propter quam causam, cum obscura sint utriusque jura, contra petitorem judicari solet* (Instit., liv. IV, t. xv, § 4; Gaï., IV, 148). Aussi le débat sur la possession était-il à Rome un débat fort animé : *Ideoque plerumque et fere semper ingens existit contentio de ipsa possessione* (Instit., *loc. cit.*). Cette observation est encore vraie chez nous, surtout quand la discussion ne roule que sur un terrain de peu d'étendue. On dispute avec ardeur pour savoir à qui appartient la possession ; mais une fois ce point vidé, il sera rare que celui qui a succombé ose s'engager dans un procès au pétitoire. D'où la conséquence qu'il est bon aujourd'hui comme autrefois de veiller à la conservation de sa possession, et de se tenir en garde vis-à-vis de voisins entreprenants, parce qu'une négligence à cet égard peut rendre nécessaire une revendication dont le succès est souvent incertain.

Le préalable d'un interdit *retinendæ possessionis* n'était donc indispensable qu'autant qu'il y avait entre les parties litigantes désaccord sur l'état de possession actuelle. Tout débat devenait inutile si l'une reconnaissait au profit de l'autre l'avantage de la possession. Ainsi que le fait observer Ulpien (l. 1, § 3, *uti possid.*), la manière de distribuer les rôles sur la revendication étant convenue entre les parties, il n'y aura pas lieu de demander le règlement de ce point à la procédure d'un interdit : *si convenit, absolutum est.* Celle qui ne prétend pas à la possession réclamera immédiatement la formule de la revendication.

Indépendamment de cette première fonction,

M. de Savigny (*Traité de la possess.*, § 37) assigne
encore deux autres fonctions à l'interdit *uti possidetis*.
Cet interdit aurait encore pour but d'obtenir la
réparation d'un trouble apporté à la possession et
par suite des dommages-intérêts, à raison d'un préjudice déjà occasionné. Il serait enfin une mesure
préventive pour écarter un trouble qui ne s'est pas
encore produit, mais qui est imminent.

En ce qui concerne le premier point, la doctrine
de Savigny a rencontré en Allemagne des contradicteurs. Keller et Schmidt, se fondant sur le caractère prohibitoire de l'interdit *uti possidetis*, disent
que la défense du préteur, possible pour l'avenir,
ne l'est pas pour le passé, et que l'appréciation du
juge ne pourra porter sur le dommage antérieur à
l'émission de l'interdit. Prenons un exemple pour
rendre la contradiction plus sensible. Primus est sur
le point de couper une récolte ; il en est empêché par
Secundus, qui prétend avoir le droit de la couper.
Pendant ces débats, la récolte vient à périr, et ce
n'est qu'après la consommation de la perte que Primus se fait délivrer l'interdit *uti possidetis*. En vain
prouvera-t-il sa possession, en vain prouvera-t-il
que la résistance de Secundus était injuste, pourvu
que ce dernier, à partir de l'interdit, s'abstienne de
tout trouble, Primus devra perdre son procès ; il ne
pourra obtenir aucun dédommagement pour le trouble qui lui a été occasionné. L'école allemande, pour
faire triompher son système, prétend qu'à côté des
interdits prohibitoires, les Romains admettaient les
interdits restitutoires pour la réparation du préjudice
consommé. Elle invoque également la règle suivant

laquelle il n'était pas permis sur l'interdit *uti possidetis* de se faire tenir compte des fruits, si ce n'est depuis l'émission de l'interdit. Elle admet bien, il est vrai, qu'une fois la possession de Primus reconnue, il aura le droit d'agir, soit par l'action *in factum*, soit par l'action de la loi *Aquilia utile*.

Nous ne saurions admettre la théorie de l'école allemande moderne ; ne vaut-il pas mieux dire, avec M. de Savigny et M. Machelard, le savant professeur de l'école de Paris, qu'il n'y aura pas deux procès séparés, et que le juge sera autorisé à faire entrer en ligne de compte, pour les condamnations à prononcer, le dommage antérieur à l'émission de l'interdit. On ne comprendrait pas qu'on laissât de côté un dommage actuel et certain pour régler un avenir purement hypothétique. L'auteur du trouble, quand il verra la légitimité de la possession de son rival, reculera peut-être devant une attaque au pétitoire. Mais il ne doit pas échapper à la réparation du mal qu'il a pu faire en troublant une possession régulière. Rendre indemne celui dont la possession a été troublée, et, par voie de conséquence, lui attribuer le rôle de défendeur dans l'instance en revendication, telles doivent être les deux conséquences du débat qui s'élève entre deux prétendants à la possession d'un immeuble.

Cette doctrine, du reste, est en harmonie avec les termes de l'interdit. L'interdit, en effet, limitait lui-même les dommages que le juge avait à prendre en considération ; ce dommage ne devait pas remonter à plus d'une année antérieurement à l'époque où il avait été possible d'agir : *intra annum quo primum experiundi potestas fuerit.* Ainsi, tant qu'il ne s'est pas écoulé plus d'une année à partir de l'instant où il a été possible d'agir, le trouble apporté à une possession régulière tombe sous le coup de l'interdit. Pour expliquer cette partie de l'interdit, nos adversaires ont imaginé d'appliquer l'annalité au temps durant lequel celui qui l'avait obtenu pouvait en tirer parti ; à l'expiration d'une année à partir de la délivrance de l'interdit, il aurait été atteint d'une sorte de péremption. Ainsi, après s'être fait délivrer l'interdit *uti possidetis*, précaution, d'après nos adversaires, bonne seulement pour l'avenir, il fallait, l'interdit en mains, rester en garde jusqu'à ce qu'un trouble nouveau fût commis. L'auteur du trouble demeurait-il en paix pendant plus d'une année et ne recommençait-il qu'après ce délai à gêner la possession qu'il avait jadis inquiétée, le premier interdit étant périmé, il aurait fallu en réclamer un second qui aurait été encore impuissant à réprimer le trouble récent faute d'effet rétroactif. L'interdit serait donc toujours arrivé trop tard, pourvu que l'auteur du trouble eût pris le soin de s'abstenir de toute inquiétation durant l'année qui avait suivi l'émission de l'interdit. Exposer un pareil système, c'est en faire une suffisante critique. En vérité, si cette bizarre interprétation était entrée dans l'esprit des jurisconsultes romains, leurs écrits sur cette matière mériteraient bien peu le nom de *raison écrite* dont la reconnaissance des siècles les a décorés.

Nous concluons donc qu'une fois les parties devant le juge, il est plus simple d'en finir immédiatement en lui abandonnant le soin de fixer toutes les

conséquences de la perturbation éprouvée dans sa
jouissance par celle des parties qui triomphe, sans
entrer dans la distinction des dommages antérieurs
ou postérieurs à l'émission de l'interdit. Cette solution nous paraît conforme aux termes de la mission
qu'il a reçue du magistrat, et laisser naturellement
dans le domaine de l'appréciation qui lui est confiée
tout l'intérêt qu'avait le demandeur à voir respecter
sa possession (*quanti interest retinere possessionem*).

Quant à la troisième fonction attribuée par M. de
Savigny à l'interdit *uti possidetis*, et qui permettrait
au possesseur redoutant d'être inquiété dans l'avenir
de provoquer à l'encontre de l'auteur de ses inquié-
tudes un débat sur cette possession, la critique nous
paraît mieux fondée. D'après M. de Savigny, dont
l'opinion est partagée par quelques auteurs de l'école
allemande, notamment par M. de Vangerow, t. I,
§ 336, pour assurer son repos futur, le possesseur
pourrait exiger de celui qu'il soupçonne avoir le des-
sein de le troubler, la prestation d'une caution que
les commentateurs ont appelée *cautio de non amplius turbando*. Cette *cautio* consisterait en une *satisdatio*. M. de Savigny reconnaît toutefois qu'il n'existe
pas de texte positif en faveur de sa thèse, mais il
raisonne par analogie de la *satisdatio* s'appliquant au
cas du défendeur à la revendication qui veut conserver l'avantage de la possession durant le procès.
Mais la faculté d'exiger une pareille *cautio*, ajoute
M. de Savigny, découle du droit général de faire
exécuter une sentence, et n'a pas besoin d'être écrite
dans la loi.

Cette théorie nous paraît contraire à l'esprit géné-

ral de la législation romaine, où les arguments par
analogie n'étaient guère en usage. Elle ne nous paraît pas non plus résister au raisonnement. En effet,
qui pourrait soutenir qu'il soit permis de s'adresser
au premier venu, à quelqu'un qui n'a jamais mani-
festé par des faits patents la moindre prétention à la
possession, pour lui dire : je crains qu'il ne vous
vienne demain la pensée de me troubler dans ma
possession ; en conséquence, je vais vous prouver
que je possède et vous faire condamner si vous ne
prenez l'engagement de ne point m'inquiéter. Un pareil langage serait dénué de raison. Pour qu'il y ait
débat sur la possession, il faut qu'il y ait déjà prétention à la possession. Peu importe, d'ailleurs, qu'il
s'agisse d'un trouble de droit ou d'un trouble de fait,
mais il faut qu'il y ait trouble.

Cependant, si par paroles un tiers manifestait ouvertement contre ma possession des projets d'agres-
sion, devrais-je rester désarmé jusqu'à leur exécution ? La plupart des auteurs le pensent ainsi. Ne
vaudrait-il pas mieux dire, comme le fait M. Machelard, que j'aurai la faculté de l'appeler *in jus* afin de
le forcer à s'expliquer ? Évidemment oui. Il faut
autant que possible conjurer les procès (Machelard,
des Interd., p. 207, not. 2).

§ 1. — *Procédure de l'interdit* uti possidetis.

Primus, se prétendant en possession de l'immeuble A, est troublé dans l'exercice de sa possession
par Secundus qui soutient de son côté que la posses-

sion lui appartient. La *vocatio in jus* amène devant le
préteur les plaideurs qui persistent dans leurs prétentions. L'interdit *uti possidetis* est délivré par
le magistrat. Voici quels en étaient à peu près les
termes : *Uti eum fundum, quo de agitur, nec vi, nec
clam, nec precario alter ab altero possidetis, quominus
ita possideatis, vim fieri veto. De cloacis hoc interdictum non dabo, neque pluris quam quanti res erit
intra annum quo primum experiundi potestas fuerit.*
Cet interdit est donc prohibitoire et double. Il y a
deux ordres, ou plutôt un ordre adressé indistinctement à chaque plaideur. Dans les interdits exhi-
bitoires ou restitutoires, le juge était désigné de
suite, si l'une ou l'autre des parties optait, pour la
formule arbitraire. Ici l'option n'existe pas, l'interdit
étant prohibitoire, et les *sponsiones pœnales*, sur lesquelles nous aurons à nous expliquer, sont inévitables. Un délai, la plupart du temps, s'écoulera
entre l'émission de l'interdit et les *sponsiones*. L'une
ou l'autre des parties pourra le solliciter, pour ré-
fléchir et prendre conseil ; mais le délai n'est pas
de rigueur, et, si elles ont également hâte d'en finir,
elles pourront passer immédiatement aux *sponsiones*,
et recevoir un juge. On conteste toutefois, à tort
suivant nous, à l'interdit *uti possidetis* cette allure
rapide. Il faudrait attendre qu'une des deux parties
eût enfreint l'ordre prohibitif contenu dans l'interdit
pour pouvoir revenir devant le préteur. Il est facile
de répondre que la résistance à l'ordre du préteur
est constante du moment où aucune d'elles ne
s'incline devant cet ordre. Le préteur a défendu de
troubler la possession actuelle, qui ne peut exister

qu'au profit d'un seul. Cependant chacun des plaideurs continue à prétendre qu'elle lui appartient exclusivement ; l'un des deux, par cette persévérance qui sera démontrée mal fondée, contrevient donc à l'interdit.

Si, lors de la *vocatio in jus*, ou si, après l'expiration du délai obtenu, l'une des parties reconnaît la possession de l'autre, l'interdit n'a plus d'objet ; le magistrat constate que la possession existe en faveur de celui au profit duquel elle est avouée. Si des dommages-intérêts sont dus pour préjudice à raison de troubles antérieurs, il pourra y avoir lieu à une action *in factum;* mais du moment où il n'y a plus controverse sur la possession, il n'y a plus lieu à interdit. A quoi bon, en effet, rechercher qui possède quand le possesseur est connu? L'organisation entière de la procédure de l'interdit *uti possidetis* et les mesures qui y sont prises ne se conçoivent qu'autant qu'il y a controverse sur la possession.

Supposons donc que les parties persistent dans leurs prétentions relatives à la possession, et voyons ce qui va se passer au premier acte de ce petit drame judiciaire. La lutte qui va s'engager a pour but de régler à qui appartiendra la possession pendant le litige. Au lieu d'abandonner ce point à la discrétion du magistrat, comme sous le système des actions de la loi, en matière de revendication, la question va être décidée par les parties elles-mêmes ; la possession sera laissée à celle qui la prisera le plus haut. Le magistrat, ainsi que nous le dit Gaïus (IV, 166, 67), ouvre des enchères ; et celle qui promet la *summa licitationis* reste adjudicataire de la possession intérimaire. L'adjudicataire doit de plus, au moyen de la *stipulatio fructuaria*, s'engager à restituer la possession dans le cas où il viendrait à succomber. Cette scène préliminaire fournit aux parties l'occasion de témoigner le degré de confiance qu'elles ont en la bonté de leur cause, et soustrait la chose litigieuse aux dégradations de celle qui ne reste pas adjudicataire. Mais il faut se garder de penser que les rôles des parties soient désormais tranchés, et que la preuve de la possession incombe au non-adjudicataire. Il ne s'est agi jusqu'ici, nous le répétons, que du règlement de la possession intérimaire.

Ce premier point réglé, vient la provocation réciproque aux *sponsiones pœnales ; postea alter alterum sponsione provocat* (Gaï., IV, 166). Reprenons notre exemple, pour mettre en relief le jeu de cette nouvelle scène. Primus soutient qu'il possédait régulièrement le fond A, et que sa possession a été troublée par Secundus. Il interroge Secundus en ces termes : *Spondesne mihi dare... si adversus edictum prætoris mihi possidenti vis facta sit ?* Secundus, exposé à perdre la somme promise si Primus est le véritable possesseur, fait à son tour à Primus la *restipulatio* suivante : *Spondesne mihi dare... si adversus edictum prætoris tibi possidenti vis a me facta non sit ?* Puis, comme Secundus se prétend possesseur aussi bien que Primus et se plaint également du trouble qu'il subit, il fait à son tour une *sponsio* et une *restipulatio* dans les mêmes termes que précédemment. De là, quatre formules : deux en faveur de chacune des parties, celle de sa *sponsio* et de sa *restipulatio ;* deux aussi contre chacune d'elles.

Un juge ou des récupérateurs sont ensuite désignés, avec mission d'examiner quelles sont, parmi les peines conditionnellement promises, celles qui sont dues. De cet examen il ne peut résulter que deux condamnations. En effet, ou bien la possession est reconnue appartenir à Primus ; dans ce cas, il obtient une condamnation sur sa *sponsio* et une sur la *restipulatio* qu'il a faite après la *sponsio* de Secundus. Dans le cas inverse, Secundus est déclaré créancier pour les deux promesses faites par Primus, et absous sur les deux dans lesquelles il a joué le rôle passif.

Cette double condamnation a un caractère purement pénal.

Quant au fond du litige, que va-t-il se passer ? Sur ce point, faisons une distinction.

Est-ce le plaideur adjudicataire de la possession intérimaire qui a triomphé, sa possession est judiciairement établie : il garde en son pouvoir l'immeuble litigieux ; il n'a pas à payer la *fructuum licitatio*, puisque sa possession était régulière. Il semble donc qu'une fois la double condamnation acquittée, il ait satisfaction complète. Il peut cependant en être autrement si, par exemple, l'adjudicataire vainqueur avait éprouvé un préjudice antérieur à l'émission de l'interdit, conformément à la solution que nous avons admise ; le juge pourrait avoir à l'apprécier et à prononcer une condamnation réparatrice.

Est-ce, au contraire, le plaideur non adjudicataire de la possession qui a triomphé, il ne suffira pas que son adversaire s'exécute en payant le montant de la *sponsio* et de la *restipulatio*, qui est dû uniquement à titre de peine. Les intérêts du vainqueur sont loin d'être satisfaits, et les condamnations, en ce cas, vont se multiplier. Il a droit, en effet, à la possession du fonds litigieux, qu'il obtiendra au moyen d'une instance particulière, dite, suivant Gaïus (IV, 166), *Cascellianum sive secutorium judicium*, instance entraînant condamnation au principal, à défaut de restitution. L'épithète *secutorium* s'explique par le fait que ce *judicium* suit la victoire sur la stipulation; celle de *Cascellianum* est vraisemblablement le nom du préteur qui l'avait introduite.

A cette troisième condamnation, que l'adjudicataire succombant peut éviter en restituant la chose, Gaïus (167) en ajoute une quatrième : elle a trait à la valeur des fruits perçus intérimairement par l'adjudicataire; elle est indiquée par Gaïus au commencement du § 167, où il résume toutes les condamnations qui se cumulent en cette occurrence : *Et hoc amplius fructus quos interea percepit reddit.*

Enfin une dernière condamnation atteindra encore le vaincu; celle-ci est relative à la somme promise sur la *fructuum licitatio*. En effet, le droit au montant de la *licitatio* est indépendant de la condamnation aux fruits intérimaires, comme ayant un objet tout différent.

Il est temps de résumer nos idées sur cette procédure compliquée. Quel en sera le résultat ?

Si celui qui a été vaincu dans la *summa licitationis* vient à succomber, il subira deux condamnations seulement, et cela à titre de peine :

2

1° Sur la formule de la *sponsio* de son adversaire ;

2° Sur la formule de la *restipulatio* de son adversaire.

Le possesseur intérimaire est absous sur toutes les autres formules.

Si le possesseur intérimaire perd le procès, les condamnations vont se multiplier ; il en subira cinq :

1° Sur la formule de la *sponsio* de l'adversaire ;

2° Sur la formule de la *restipulatio* de l'adversaire ;

3° Sur la formule de la stipulation pénale relative à la *fructuum licitatio* ;

4° Sur la formule du *judicium fructuarium secutorium* ;

5° Sur la formule du *judicium Cascellianum* ou *secutorium*, relatif à la restitution de la chose.

L'adversaire sera absous sur les formules de la *sponsio* et de la *restipulatio* du plaideur vaincu.

Cette procédure, rapportée par Gaïus, n'était rien moins que sommaire ; aussi paraît-il que, même de son temps, ces complications déplaisaient à certains plaideurs, qui refusaient de s'y soumettre : *Nonnulli, interdicto reddito, cætera ex interdicto facere nolebant, atque ob id non poterat res expediri* (Gaïus, IV, § 170). Il est absolument impossible de savoir comment s'y prenait le préteur pour dénouer la difficulté, le manuscrit de Gaïus ayant une lacune en cet endroit. Les romanistes modernes s'accordent à conjecturer que le préteur se bornait, dans ce cas, à délivrer une *actio in factum.*

§ II. — *Ce que le juge doit examiner.*

Il nous reste à examiner les points sur lesquels doit porter l'examen du juge et les caractères que doit réunir la possession pour triompher dans l'interdit *uti possidetis.*

Le juge nommé avait à rechercher lequel des deux plaideurs possédait en se plaçant, pour résoudre la question, au moment de la délivrance de l'interdit : *Interdicti tempore* (Instit., IV, xv, § 4), *per id tempus quo interdictum redditur* (Gaï., IV, § 66). Il n'avait donc pas à se préoccuper de la durée qu'avait pu avoir dans le passé la possession qu'il reconnaissait constante à cette époque, par conséquent si elle s'était déjà antérieurement prolongée pendant une année entière. La condition d'annalité dans la possession, exigée dans notre droit pour que la complainte soit recevable, était étrangère au droit romain. Le terme d'une année n'y apparaît que quant au délai dans lequel l'action doit être intentée : *Intra annum quo primum experiundi potestas fuerit, agere permittam*, ce qui signifie, bien qu'il y ait, comme nous l'avons vu, controverse sur ce point, que le juge n'avait pas à s'occuper de troubles remontant à plus d'une année avant l'émission de l'interdit. Notre législation veut aussi que la complainte soit exercée dans l'année du trouble ; seulement l'année dont il s'agissait à Rome était une année *utile*, ce qui s'écartait beaucoup de l'année *continue*, dont l'expiration amène en droit français la déchéance de l'action possessoire.

D'autre part, la possession, pour avoir droit à la

protection de la justice, devait être exempte de certains vices vis-à-vis de l'adversaire : *nec vi, nec clam, nec precario ab adversario*. Mais ces vices n'avaient, ainsi que le relate la formule, qu'un caractère relatif, en sorte que la possession même infìciée de ces vices pouvait être utilement invoquée contre toute autre personne que celle qui en avait été victime : *Si quis possidet vi, aut clam, aut precario, si quidem ab alio, prosit ei possessio* (Ulpien, l. 1, § 9, *uti possid.*).

C'est ici le lieu d'examiner la question suivante qui, depuis longtemps controversée, divise encore les auteurs.

À l'époque de l'interdit, la possession qui existe au profit de Primus est reconnue vicieuse à l'égard de Secundus ; *quid ?* faut-il dire que Secundus triomphera, puisqu'il ne rencontre qu'une possession vicieuse à son égard, bien qu'il ne possède pas *interdicti tempore ?* Doit-on, au contraire, renvoyer Secundus à intenter un interdit *recuperandæ possessionis ?*

M. de Savigny résout la difficulté en faisant la distinction suivante : Est-ce Secundus contre qui l'interdit a été sollicité ? ou bien l'a-t-il sollicité lui-même ? Dans la première hypothèse, M. de Savigny pense que Primus sera tenu de restituer, sinon qu'il y sera condamné. Dans la deuxième hypothèse, Secundus, ne possédant pas *interdicti tempore*, a eu le tort de réclamer l'émission d'un interdit *retinendæ possessionis ;* il échouera donc pour avoir mal procédé ; il aurait dû recourir à l'interdit *unde vi.* M. de Savigny suppose, dans l'espèce, que la violence était le vice qui infectait la possession de Primus.

MM. Keller, de Vangerow et Machelard repous-
sent la distinction de M. de Savigny, et pensent que
Secundus doit triompher dans les deux cas. Nous
partageons cette opinion. La distinction de M. de
Savigny attribue privativement les rôles de demandeur et défendeur à telle ou telle partie, ce qui n'est
pas. Les deux parties sont dans une situation iden-
tique. Le juge a pour mission de rechercher laquelle
des deux parties possède. Or il n'importe que l'une
possède, puisque sa possession est vicieuse; il n'importe que l'autre ne possède pas, puisqu'elle a la
faculté de se faire restituer la chose; c'est comme si
elle possédait en réalité, dit avec raison Ulpien : *Si
quis vi de possessione dejectus sit, perinde haberi debet
ac si possideret* (l. 17, princip. *de adq. possess.*). La
nouvelle possession n'ayant pu se fonder, l'ancienne
est censée durer toujours dans les rapports de l'ancien et du nouveau possesseur.

On peut objecter, il est vrai, que l'utilité de l'interdit *unde vi* disparaît, puisqu'à l'aide de l'interdit
uti possidetis on arrive au même résultat. On peut
répondre à cette objection que la concession de l'interdit *uti possidetis*, dans l'espèce prévue par M. de
Savigny, est purement facultative; qu'il sera loisible
au *dejectus* d'employer la voie de l'interdit *unde vi;*
que même, la plupart du temps, il demandera ce
dernier interdit en raison des avantages considé-
rables qui doivent le faire préférer à l'interdit *uti possidetis.*

La solution que nous adoptons explique comment
la voie de l'interdit n'était pas fermée à celui qui
déjà avait agi en revendication. Nous devons, en

effet, noter ici que la législation romaine ne connaissait pas la règle écrite aujourd'hui dans l'art. 26 du Code de procédure civile, suivant laquelle le demandeur au pétitoire n'est plus recevable à agir au possessoire. Le retour du revendiquant à l'interdit peut trouver son explication naturelle dans la découverte qu'il fait de sa possession qui, bien que lui manquant en *fait*, n'est pas perdue pour lui *en droit*, à raison de ce qu'il peut imputer à son adversaire de l'en avoir dépouillé, soit *clam*, soit *vi*, soit *precario*. Il pourra alors, renonçant à la revendication, soulever, par la voie de l'interdit *uti possidetis*, un débat qui doit, suivant nous, se terminer à son avantage. Tandis que, dans le système de M. de Savigny, il faudrait, pour trouver l'application de cette règle incontestable et incontestée, supposer chez le revendiquant cette ignorance aussi peu croyable que rare, à savoir que l'immeuble était possédé par lui ou en son nom.

§ III. — *Condamnations possibles sur l'interdit* uti possidetis.

Indépendamment des condamnations à titre de peine, l'interdit *uti possidetis* donnait lieu à des condamnations ayant un caractère d'indemnité. La condamnation principale, au profit du plaideur victorieux resté non adjudicataire de la possession intérimaire, consistait à le faire réintégrer dans la possession *manu militari*, et, en cas de refus de la part du vaincu, détenteur de la possession, le juge avait

reçu du préteur le pouvoir de le condamner à payer
une indemnité égale à la valeur de la possession.
Ainsi le juge devait rechercher l'intérêt qu'avait le
vainqueur à conserver la possession et non pas la
valeur de la chose en litige : *quanti uniuscujusque
interest possessionem retinere.* Cette estimation devait
présenter de graves difficultés à résoudre. Aussi est-
il permis de conjecturer qu'habituellement le procès
devait se dénouer par la restitution de la chose litigieuse. Quel intérêt, d'ailleurs, aurait eu le vaincu à
se soustraire à la restitution en nature, alors qu'elle
lui permettait d'échapper à une condamnation pécuniaire qui pouvait être exorbitante, et que la résistance
à l'ordre de restituer, le constituant en dol, le rendait
passible du *juramentum in litem* de la part du vainqueur.

Nous nous sommes expliqué sur les dommages
antérieurs à l'émission de l'interdit ; nous n'y revien-
drons pas. Qu'il nous suffise de rappeler que le juge
devait, suivant nous, les prendre en considération
pour arbitrer sa condamnation.

§ IV. — *Extensions données à l'interdit* uti possidetis.

Nous avons supposé jusqu'ici que les deux parties
litigantes soulevaient des prétentions égales à la possession exclusive d'un immeuble ; mais il peut se
faire que l'un des plaideurs, Primus, ne prétende
qu'à une copossession, c'est-à-dire à une possession *pro indiviso*, ou à la possession d'une
partie déterminée, *pro certa parte*, et que Secun-

dus soutienne avoir la possession *in solidum.* Ulpien, prévoyant l'hypothèse, déclare que l'interdit
uti possidetis pourrait être employé pour vider ce dif-
férend : *Hoc interdictum locum habet, sive quis totum
fundum possidere se dicat, sive pro certa parte, sive
pro indiviso* (l. 1, § 7, *uti possid.*). Seulement, dans ce
cas, l'interdit serait modifié, en ce sens que le débat
ne porterait que sur une portion de la possession,
l'autre portion étant incontestée. La formule de l'interdit devrait restreindre la question à la part pour
laquelle Primus réclame la possession. Si Primus
triomphe, il pourra recourir à l'action *communi divi-
dundo* au lieu d'intenter une revendication *pro parte*
qui exigerait la preuve de la propriété de cette part.

Primus prétend à la possession *in solidum* du
fonds A, et par suite à tous les fruits produits par cet
immeuble. Secundus, de son côté, s'en prétend usufruitier ; ou bien il y a conflit sur la possession entre
Primus et Secundus, qui prétendent occuper exclusivement le même fonds à titre d'usufruitiers. Dans
ces deux hypothèses, Ulpien (l. 4, *uti possid.*) enseigne que l'interdit pouvait être employé ; mais dans la
seconde hypothèse, le mot *possidetis* de la formule
devrait être remplacé par l'expression *utimini fruimini.* Dans le premier cas, l'interdit devait contenir
des termes accommodés à chacune des prétentions
distinctes et rivales ; à celui qui détenait *animo domini* était accordée la formule *uti possidetis*, et à
celui qui détenait comme usufruitier celle *utimini
fruimini.* A part cette différence de forme, l'interdit
devait recevoir son entière application.

L'interdit *uti possidetis* était encore applicable, mais

avec des modifications bien plus sensibles en matière
de servitudes réelles. Prenons un exemple : Primus
dit que le fonds A qu'il possède ne doit pas de servitude au fonds B que possède Secundus, et que ce
dernier attente à la liberté de son fonds en exerçant
une servitude de passage ; Secundus soutient qu'il
ne fait que continuer un état de fait ancien, et que
la possession ou quasi-possession de cette servitude
existe en sa faveur ; il y a donc ici deux individus
aspirant à la possession. Ils ont l'un et l'autre la
ressource d'un interdit pour faire maintenir l'état
de possession prétendue par chacun. Il suffisait, en
droit romain, qu'une servitude de passage eût été
exercée régulièrement dans l'année pendant trente
jours au moins pour constituer une *quasi-possession*,
garantie désormais par l'interdit prohibitoire *de
itinere actuque* (D., tit. XIX, liv. XLIII). Secundus
pourrait donc provoquer un débat au possessoire
sur lequel il triompherait en prouvant qu'il a exercé
la servitude de passage, pourvu qu'il ait voulu *nec vi,
nec clam, nec precario ab ad* Primus, de son
côté, pourrait prendre l'initiative de la lutte judiciaire, s'il était en mesure de démontrer que les
actes de passage n'ont pas été suffisants au point de
vue de la durée, ou qu'ils sont entachés d'irrégu-
larité ; mais alors l'interdit qui lui serait délivré
serait nécessairement simple, et ne devrait conséquemment donner lieu qu'à une *sponsio* suivie d'une
restipulatio. Cet interdit ne mettrait en question que
la possession absolue de Primus, sauf probablement
l'addition d'une exception en faveur de Secundus
dans le but d'établir qu'il y a de sa part quasi-

possession d'une servitude. Les textes ne mentionnent nulle part les termes dans lesquels devrait être conçu cet interdit. M. Machelard enseigne les suivants : *Uti eum fundum Aulus possidet, quominus ita possideat, a te, Numeri, vim fieri veto, nisi hoc anno non minus quam trigenta diebus per eum fundum itinere usus sis nec vi, nec clam, nec precario ab Aulo.*

Les termes de cet interdit enseignés par ce savant romaniste ne correspondent pas, il est vrai, à la dénomination donnée à l'interdit *uti possidetis;* mais, au fond, c'est le même interdit destiné à protéger la possession d'un immeuble relativement à un plaideur qui ne réclame que l'exercice d'une servitude.

Nous arrivons à une hypothèse extrêmement délicate : *quid* s'il s'agit d'une servitude négative, par exemple celle de ne pas bâtir? L'interdit *uti possidetis* sera assurément utile au possesseur du fonds assujetti; mais l'adversaire pourra-t-il échapper à la condamnation en invoquant une exception analogue à celle du cas précédent? pourra-t-il lui aussi soutenir qu'il possède ou quasi-possède la servitude qu'il invoque? La difficulté provient de ce que, les actes de pure faculté ne pouvant fonder de possession, il semble que celui qui prétend avoir un droit de servitude négative devra s'appuyer sur un droit régulièrement constitué, et que tout débat restreint au possessoire deviendra impossible. Aussi de graves autorités n'ont pas admis, en matière de servitudes négatives, l'exercice des interdits possessoires. — Tout en reconnaissant qu'il y a sur ce point une difficulté sérieuse, nous ne saurions admettre le défaut absolu de possession en ce qui touche les ser-

vitudes négatives. Primus est empêché de bâtir sur
son fonds A qu'il possède par son voisin Secundus,
qui soutient que ce fonds est grevé de la servitude
non œdificandi. Primus est donc gêné dans sa
possession: *Etenim videris mihi possessionis contro-
versiam facere qui prohibes me uti mea possessione*
(l. 3, § 2, *uti possid.*). Il a un interdit pour faire cesser
cet obstacle. Jusqu'ici, pas de difficulté; mais on
objecte que l'obstacle à la possession provient de ce
que, l'établissement de constructions constituant une
pure faculté pour Primus, on ne saurait induire de
son abstention aucun droit en faveur de Secundus.
Cette objection disparaît si on suppose qu'il y a eu
renonciation à la faculté de construire de la part de
Primus ; à la suite de la convention, son abstention
n'est plus facultative mais forcée. Secundus a désormais une possession qui repose sur le titre de
renonciation, et qu'il pourra valablement opposer à
Primus lorsque ce dernier mettra en mouvement l'interdit *uti possidetis*, et qui lui permettra même de
prendre l'initiative si Primus venait à oublier la concession. Il ne faut pas conclure de là que le débat
va se transformer pour ne plus s'attacher à la possession et faire surgir une difficulté qui rentre dans
le pétitoire, puisque Secundus, pour se défendre,
s'appuie sur un droit de servitude. La renonciation
à la faculté de construire a créé au profit de Secundus une possession régulière qu'il entre dans la
mission du juge de rechercher et de constater. S'il
en était autrement, on verrait celui qui a vendu à son
voisin une servitude négative se soustraire à l'observation de la convention, et faire condamner,

grâce à l'interdit *uti possidetis*, son acquéreur qui s'opposerait aux constructions, ce dernier produisit-il le titre de constitution. Il n'y aurait d'autre ressource pour lui que l'action confessoire, et jusqu'à la décision qui interviendrait sur cette action, le vendeur pourrait se faire maintenir en possession de la servitude *non œdificandi* qu'il a aliénée.

Nous concluons donc que les servitudes négatives, aussi bien que les servitudes positives, pouvaient donner lieu à l'interdit *uti possidetis*, mais que cet interdit était simple, l'une seule des parties aspirant à la possession complète, et que le propriétaire du fonds actif devait trouver dans l'addition d'une exception la possibilité de justifier de sa quasi-possession (Savigny, *Trait. de la poss.*, § 46 ; Machelard, *des Interd.*, p. 218 ; *contra*, Belime, *de la Possess.*, n° 265).

§ V. — *Des cas d'application de l'interdit* uti possidetis.

Disons enfin quelques mots, en terminant, des cas d'application de l'interdit *uti possidetis* direct ou modifié. Suivant quelques auteurs, par cela seul que la jouissance d'un immeuble n'était point respectée, et sans que le trouble fût l'expression d'un droit invoqué sur la chose, il y avait lieu à l'interdit *uti possidetis*. Cet interdit fournissait, disaient-ils, protection *adversus quemcumque turbantem*. Il ne fallait pas non plus se préoccuper de l'intention qui avait présidé aux actes de trouble. Il est même un célèbre romaniste qui est allé jusqu'à dire qu'il pouvait être invoqué pour faire cesser des tapages nocturnes et assurer la tranquillité des habitations (M. de Savigny, § 37).

Cette doctrine nous paraît défigurer le véritable caractère des interdits *retin. possess.* et en faire une véritable panacée capable de guérir tous les maux de la société romaine. Nous pensons qu'il fallait qu'il y eût *controversia de possessione*, suivant l'expression des jurisconsultes romains. Leur but étant de faire constater au profit de qui existait la possession, on ne saurait admettre qu'ils fussent employés là où la possession n'était pas en litige. Le type primitif de l'interdit *uti possidetis* était destiné à régler la position de deux plaideurs qui se disputent la possession. Cet interdit était double, les rôles de demandeur et de défendeur étaient confondus ; conséquemment, leurs prétentions devaient être égales. Sans doute celui qui était troublé avait le droit d'appeler *in jus* son rival ; mais l'interdit ne devait être émis qu'autant que ce dernier manifestait le désir de contredire à la possession, sinon le débat devait se déterminer par la délivrance de l'action appropriée au fait dommageable (Belime, n° 326 ; Machelard, p. 220 et suiv.).

SECTION II.

DE L'INTERDIT *utrubi.*

A la différence de notre législation française, le droit romain connaissait une voie possessoire relative aux meubles : c'était l'interdit *utrubi.*

A l'époque des jurisconsultes, l'interdit *utrubi* se distinguait de l'interdit *uti possidetis* en ce que le préteur, dans ce dernier interdit, ne devait se préoccuper que de la possession *interdicti tempore*, tandis que, dans l'interdit *utrubi*, il fallait comparer entre elles au point de vue de la durée, pendant l'année qui précédait l'émission de l'interdit, les deux possessions alléguées de part et d'autre, de manière à donner gain de cause à celui qui parvenait à établir que sa possession avait été plus longue que celle de son adversaire (Gaï., IV, 152).

L'interdit *utrubi* était double et prohibitoire. Le préteur s'exprimait ainsi : *Utrubi hic homo, quo de agitur, majore parte hujusce anni fuit, quominus is eum ducat, vim fieri veto*. Cet interdit, ainsi que le révèle la formule, avait été primitivement inventé pour protéger la possession des esclaves. Il est à remarquer aussi que la possession *majore parte hujusce anni* ne s'entendait pas d'une façon absolue, mais bien au moyen d'une comparaison entre les deux possessions. La loi 156, *de verb. signif.*, fait nettement ressortir le sens que l'on donnait à cette expression : *Majore parte anni possedisse quis intelligitur, etiamsi duobus mensibus possiderit, si modo adversarius ejus, aut paucioribus diebus, aut nullis possiderit.*

Outre l'interdit, le possesseur avait, selon les cas, la ressource des actions *furti* et *vi bonorum raptorum*; seulement la sphère d'action de l'interdit *utrubi* était plus vaste à deux points de vue :

1° Ces actions n'ont d'effet que si un délit a été commis, et seulement contre l'auteur de ce délit; '

l'interdit, au contraire, procédera même contre le possesseur de bonne foi et le tiers acquéreur, s'ils n'ont pas une possession aussi longue que celle du demandeur.

2° Pour intenter les actions dont nous parlons, la possession doit être accompagnée d'un intérêt légitime : *si qua honesta causa intersit*, disent les jurisconsultes ; ainsi elles ne compètent pas au possesseur de mauvaise foi. La ressource de l'interdit *uti possidetis* lui est, au contraire, ouverte par cela seul qu'il a une possession exempte de vices à l'égard de l'adversaire.

Ceci nous explique pourquoi les interdits *recuperandæ possessionis* ne s'appliquaient pas aux meubles. En fait, l'interdit *utrubi* en tenait parfaitement la place toutes les fois qu'il ne s'était pas écoulé une année depuis le jour de la dépossession.

L'*accessio possessionis* était admise en cette matière ; seulement le successeur ne pouvait invoquer la possession du *de cujus* qu'autant que le meuble héréditaire avait été par lui personnellement appréhendé. La possession, en effet, dans les idées romaines, étant personnelle, l'héritier qui n'avait pas appréhendé le meuble de la succession, ou qui n'avait pas une possession qui lui fût propre, était dans l'impossibilité d'user de la possession de son auteur. Certains jurisconsultes résistaient à cette théorie ; mais Ulpien (l. 13, § 4, *de adq. poss.*) condamnait leur résistance comme contraire à la rigueur des règles du droit.

L'interdit *utrubi*, étant au nombre des interdits doubles et prohibitoires, mettait-il en jeu la procédure des *sponsiones pœnales* ? Sans aucun doute. Les parties devaient se comporter devant le préteur comme s'il se fût agi d'un interdit *uti possidetis*.

Enfin les vices relatifs à la possession *nec vi*, *nec clam*, *nec precario ab adversario* trouvaient aussi leur place dans cet interdit, ainsi que nous le voyons dans le § 1 du fragment unique inséré au Digeste par les compilateurs de Justinien.

Sous l'empire des règles que nous venons d'exposer, on voit qu'il pouvait se faire qu'une personne qui n'avait pas la possession effective d'un meuble *interdicti tempore* gagnât son procès contre le possesseur actuel. L'interdit *utrubi* opérait donc en réalité comme un véritable inte dit *recup. possess.* La qualification de *retinendæ possessionis* peut se justifier toutefois par cette considération que la possession, tant qu'elle peut être recouvrée, peut être considérée comme *retenta*, ainsi que le dit Ulpien (l. 17, princip. *de adq. possess.*) à propos de l'interdit *unde vi*. La conclusion qu'il faut tirer de cette observation, c'est qu'il serait téméraire d'attacher une importance exagérée à la classification des interdits, telle que la présentent les jurisconsultes romains. Tel interdit qui, d'après son nom (*retin. possess.*), ne devrait servir qu'à protéger la possession actuelle, peut aussi faire recouvrer celle qu'on a perdue.

L'interdit *uti possidetis* nous en a déjà fourni un premier exemple.

A l'époque de Justinien, l'interdit *utrubi* est assimilé à l'interdit *uti possidetis*, en ce sens que, pour triompher, il faut avoir la possession *interdicti tempore.* Il est difficile d'assigner à cette innovation une date précise ; mais cette réforme est certainement

postérieure à Ulpien, bien qu'un texte de ce jurisconsulte nous en parle (l. 1, D., XLIII, 31). Ce passage
est nécessairement interpolé ; car Paul qui vivait précisément à la même époque nous présente l'interdit
sous son ancienne forme (*Sentences*, V, 6, § 1). D'un
autre côté, Justinien ne s'attribue pas l'honneur de
cette innovation. S'il en eût été l'auteur, il serait bien
surprenant, pour qui connaît un peu les habitudes
de l'empereur et de ses ministres, que Tribonien eût
manqué une si belle occasion de glisser quelques-
unes de ces discrètes et délicates flatteries dont il
avait le secret. Les Instituts en parlent comme d'une
réforme déjà ancienne (*apud veteres*).

Mais est-ce à dire que cet interdit ne servira plus absolument qu'au possesseur actuel? assurément non.
La dépossession de fait, quand le dépossédé agira
dans l'année, trouvera encore un remède dans l'interdit *utrubi* chaque fois que la possession nouvelle sera
entachée de violence, de clandestinité ou de précarité
vis-à-vis l'ancien possesseur. Si donc nous supposons que la possession mobilière infectée de vices a
été transmise à un tiers, ou que la possession nouvelle soit elle-même exempte de l'un de ces vices qui
empêchent la possession d'être utile en matière d'interdits, l'ancien possesseur sera désarmé ; il aura, il
est vrai, la ressource de la revendication ou de l'action publicienne, mais la voie de l'interdit lui sera
fermée dans l'état de la législation que Justinien a
consacré.

CHAPITRE II.

INTERDITS *recuperandæ possessionis.*

La législation romaine connaissait plusieurs interdits ayant pour but de faire recouvrer la possession. Justinien, dans ses Instituts, ne parle que d'un seul, l'interdit *unde vi*, mentionné au § 6, *de interd.* Nous suivrons son exemple.

DE L'INTERDIT *unde vi.*

L'interdit *unde vi* permettait à celui qui avait été dépossédé par violence de se faire réintégrer dans sa possession.

À l'époque classique, on distinguait deux sortes de violences : la violence armée (*vis armata*) et la violence sans armes (*vis quotidiana*). L'intérêt de cette distinction consistait en ce que celui qui avait eu recours à une *vis armata* était passible de l'interdit, sans pouvoir exciper des vices dont était entachée vis-à-vis lui la possession de son adversaire, tandis que si le plaignant n'avait à reprocher à son adversaire qu'une *vis quotidiana*, il y avait lieu de tenir compte des *vitia possessionis.*

Cette différence importante a disparu sous Justinien ; les règles applicables à la *vis armata* sont devenues générales. Il est pourtant un cas où il sera intéresssant de constater, même sous Justinien, si la *dejectio* a été opérée à l'aide des armes. Dans ce

cas, l'interdit sera donné à l'affranchi contre son
patron, ou aux enfants contre leurs parents qui ne
méritent plus d'égards, à cause de la gravité du
délit, tandis que s'il ne se fût agi que d'une *vis
quotidiana*, on eût dû recourir à une action *in factum*
qui aurait été une voie judiciaire plus respectueuse
que l'interdit (l. 1, § 43, *de vi*). Mais, à part ce
dernier vestige de la distinction, l'assimilation est
complète.

L'interdit *unde vi* était simple ; il était en outre
restitutoire, et ne mettait pas dès lors en jeu les *sponsiones pœnales*, pourvu que l'une des parties ré-
clamât immédiatement l'octroi d'une formule arbitraire.

Les termes précis de l'interdit *unde vi* ne nous
sont pas parvenus en entier. Des auteurs modernes
ont essayé de reconstituer la formule, et M. de Vangerow a proposé, pour l'interdit *de vi quotidiana*, la
rédaction suivante, qui s'appuie sur plusieurs pas-
sages de Cicéron :

*Unde tu, Numeri Negidi, aut familia tua, aut pro-
curator tuus, Aulum Agerium, aut familiam, aut pro-
curatorem ejus, in hoc anno vi dejecisti, cum Aulus
Agerius possideret, quod nec clam, nec precario a te
possideret, eo restituas.*

La formule de l'interdit *de vi armata* aurait été,
à part l'omission des *vitia possessionis*, conçue de la
même manière.

§ 1. — *Conditions de l'interdit.*

1° *Il fallait que le demandeur possédât.* — L'interdit *unde vi* n'était pas à la disposition du simple détenteur. Cette condition, bien qu'elle ait été contestée, n'en est pas moins certaine. Elle est démontrée par la loi 1, §§ 10 et 23, *de vi*, dans laquelle Ulpien refuse au fermier la ressource de l'interdit pour l'accorder au bailleur, qui en droit est le véritable dépossédé.

Mais, du moins, s'il s'agissait d'une *vis armata*, la simple détention ne suffisait-elle pas pour donner droit à l'exercice de l'interdit *unde vi armata ?* C'est là une question célèbre sur laquelle roule l'oraison de Cicéron, *pro Cæcina.* L'affirmative a été souvent soutenue, et l'on a essayé de faire remonter à cette source la doctrine suivie de nos jours, à l'occasion de la réintégrande, par la majorité des auteurs et par la jurisprudence certaine de la Cour de cassation. Il est vrai que Cujas se contentait de la simple détention, et Cicéron lui-même, dans son plaidoyer *pro Cæcina,* semble dire que la possession n'était pas nécessaire. Voici en quels termes M. de Savigny, qui admet l'opinion contraire, analyse les faits du procès : Cécina prétend avoir hérité d'un fonds ; Æbutius, en invoquant d'autres titres, prétend en avoir la propriété. Le premier, voulant se rendre sur le fonds en question, se voit repoussé par Æbutius, qui est à la tête d'une troupe armée. Il est fort probable que Cécina n'avait pas encore été en possession du fonds... Plusieurs auteurs ont prétendu,

ajoute le savant jurisconsulte prussien, que, d'après
Cicéron, la simple détention pouvait, en dehors de
la possession proprement dite, donner droit à l'interdit. Mais Cicéron ne pouvait pas même, dit-il,
avoir cette distinction en vue; car, dans l'espèce, il
est certain que, de deux choses, une seule pouvait se
produire : ou Cécina était véritablement possesseur,
ou bien il n'avait pas même la simple détention...
De là il conclut que l'autorité de Cicéron est sus-
pecte en cette matière. Nous nous rangeons à l'opinion du savant auteur allemand. Quelques efforts qui
aient été tentés pour démontrer que le prince de
l'éloquence latine avait défendu une bonne cause,
il est permis d'admettre qu'il a dû perdre son procès
précisément parce que son client ne pouvait justifier
qu'il eût été en possession. La violence dont se
plaignait Cécina n'avait été employée que pour
l'empêcher d'appréhender une possession qu'il con-
voitait. Il n'y avait pas *vi dejectio ;* dès lors l'interdit
unde vi n'était pas recevable : *dejicitur enim qui
amittit possessionem, non qui non accipitur* (l. 1, § 26,
de vi).

2° *Il fallait, en second lieu, que la violence fût
atroce et qu'elle eût amené la perte de la possession.*—
La *vis atrox* était celle qui s'adressait à la personne
du possesseur, qui portait atteinte à sa sécurité. Des
voies de fait d'une nature grave, par exemple des
coups ou des blessures, n'étaient pas nécessaires
pour la constituer, ainsi que le soutient M. de Savigny; il suffisait que la personne du possesseur fût directement attaquée. Nous avons vu au contraire, en
ce qui concerne l'interdit *uti possidetis*, que son

émission était subordonnée à une violence exercée sur la possession même de la chose en litige.

La violence doit en outre avoir produit la *dejectio* au point de vue de la possession. La *dejectio* est indispensable. Du reste, il n'importe que le possesseur ait été lui-même déjeté : si ses gens (esclaves, mandataires, fermiers) ont continué à occuper les lieux, il n'y a pas *dejectio*. Mais, en revanche, elle existe, bien que personnellement il n'ait été l'objet d'aucune violence, si ces derniers, par l'intermédiaire desquels il possédait, ont été violemment expulsés.

Ulpien prévoit l'hypothèse où le possesseur, sans attendre d'être expulsé, aurait pris la fuite et abandonné l'immeuble, parce qu'il redoutait une attaque à main armée. Dans la loi 1, § 29, *de vi*, il rapporte l'opinion de Labéon, suivant laquelle la *vi dejectio* existerait par cela seul que le possesseur aurait pris la fuite à raison de la frayeur que lui a inspirée la vue d'une troupe armée ; il indique ensuite, comme opposé à ce sentiment, l'avis de Pomponius qui semblait exiger un fait corporel. Le jurisconsulte termine en donnant sa décision, qui consiste à distinguer si le fonds a été réellement ou non occupé par les gens armés dont l'approche a occasionné la fuite du possesseur. Ulpien s'éloigne donc à la fois et de la doctrine de Labéon et de celle de Pomponius. Sa décision semble avoir prévalu, puisque les compilateurs de Justinien la reproduisent dans la loi 3, §§ 6 et 7, du même titre.

Cette distinction, d'ailleurs, est fort juste. La légitimité de mes craintes est démontrée dans le cas où il y a eu occupation ; dans l'autre, au contraire, il est prouvé que j'ai cédé à une vaine terreur dont il ne faut pas rendre responsables ceux dont la marche menaçante tendait à un autre but. Dans ce dernier cas, comme le fait très-ingénieusement remarquer M. Machelard, je n'ai pas été expulsé, je me suis expulsé moi-même.

Mais l'occupation effective n'est exigée, notons-le bien, que dans le cas où le possesseur n'aurait pas attendu l'ennemi; s'il lui avait tenu tête, il importerait fort peu que celui-ci, satisfait d'avoir expulsé le possesseur, ne prît pas possession du fonds : l'interdit *unde vi* serait utile contre lui (l. 4, § 22, *de vi*). M. Machelard, à propos de ces solutions, fait une observation bien remarquable. Celui qui a été expulsé n'a d'autre ressource que l'interdit. Celui, au contraire, qui s'est dérobé par la fuite à la violence dont il était menacé aura la même voie de recours s'il y a eu occupation de l'immeuble, mais en outre, et dans tous les cas, il pourra se servir de l'action *quod metus causa* à laquelle pourront être soumis les tiers détenteurs eux-mêmes.

Il paraîtrait ainsi que ce n'est pas à l'homme courageux et fort de son droit que la loi romaine a réservé ses faveurs, mais au timide citoyen que la vue seule d'un assaillant a mis en fuite. Ce résultat, à coup sûr peu équitable, est dû à la rigueur inflexible avec laquelle les Romains analysaient les faits pour en tirer des déductions légales. L'action *quod metus causa* doit avoir pour base un acte volontaire accompli sous l'empire de la crainte. On peut, à la rigueur, voir un acte de cette nature dans le fait de l'homme qui abandonne son bien par terreur, et qui le livre

pour ainsi dire à celui qui lui a inspiré cette appré-
hension. Il est, au contraire, impossible de découvrir l'ombre même d'une cession volontaire chez
celui que la force brutale expulse de sa chose. Sa volonté est de demeurer possesseur, et l'impossibilité
physique contre laquelle elle se heurte est impuis-
sante à la briser.

3° *Il fallait en outre que le défendeur à l'interdit
fût l'auteur de la violence.* — Cette condition toutefois doit être sainement entendue. Il faut, en effet, se
garder de penser que l'ordre du préteur ne pouvait
s'adresser qu'à l'individu qui personnellement avait
usé de violence : il pouvait aussi atteindre celui qui,
par ordre ou mandat, avait fait effectuer une *dejectio*.
C'est l'idée qu'exprime Ulpien : *Parvi enim referre
visum est suis manibus quis dejiciat, an vero per
alium* (l. 1, § 11, *de vi*).

Dans le cas même où la *dejectio* avait été opérée
dans l'intérêt d'un tiers qui n'avait rien ordonné,
mais qui ratifiait ce qui avait été fait pour son
compte, l'opinion prévalut que la ratification équiva-
lait à mandat, et que le ratifiant devait être considéré
comme l'auteur de l'expulsion et soumis, en conséquence, directement à l'interdit *unde vi* (l. 1, § 14,
de vi).

Si la *dejectio* était le fait des esclaves du défendeur, la responsabilité du maître variait suivant qu'il
avait ou non donné des ordres. Si les esclaves
n'avaient fait que se conformer au *jussus domini*, le
maître était tenu *proprio nomine*. A défaut de *jussus*,
l'interdit était délivré *noxaliter*. On appliquait alors
les règles ordinaires des actions noxales, en laissant

au maître la faculté de se soustraire à une condamnation au moyen de l'abandon noxal. Seulement, indépendamment de cet abandon, il pouvait être soumis à une action en restitution de ce dont il s'était enrichi : *aut pervenit ad eum aliquid , et restitueret* (l. 1, § 14, *de vi*).

Quand le spoliateur était mort, on donnait contre ses héritiers ou autres successeurs universels l'action *in factum in id quod ad eum pervenit* (loi 1, § 48, *de vi*). L'interdit *unde vi* n'était pas non plus donné contre le successeur à titre particulier ; en vain même aurait-il été informé, en traitant avec le défendeur, de l'origine vicieuse de la possession de son auteur, il n'en n'était pas moins à l'abri de l'interdit. C'est ce que décide la loi 7, *de vi* : *Cum a te vi dejectus sim, si Titius eamdem rem possidere cœperit, non possum cum alio quam tecum interdicto experiri*. Sur ce point, l'énergie de l'action accordée par le droit romain était donc bien moindre que celle qui appartient à l'action possessoire de notre droit français. Le droit romain ne voyait dans le fait d'une *dejectio* qu'un délit engendrant au profit du dépossédé l'obligation de réparer le dommage causé, obligation à laquelle était naturellement étranger le successeur à titre particulier. Mais les Romains étaient conséquents avec leurs principes et voulaient que le *dejiciens* fût tenu de son délit, qu'il eût ou non pris possession de la chose, qu'il en eût ou non conservé la possession (l. 15, *de vi*). L'interdit *uti possidetis*, qui pouvait aussi, suivant l'opinion que nous avons adoptée, servir à faire restituer la possession enlevée par violence, ne pouvait, au contraire, procéder que contre celui qui possédait encore. Il était donc moins étendu et moins avantageux que l'interdit *unde vi*.

Le détenteur qui avait reçu l'immeuble du *dejiciens* n'était cependant pas toujours à l'abri de toute action. La victime de la violence avait la faculté, ainsi que nous l'avons vu, dans le cas où il y avait eu occupation à la suite de sa fuite, d'user de l'action *quod metus causa*. La puissance de cette action était telle que le possesseur actuel de la chose ravie par violence pouvait être atteint, fût-il d'ailleurs parfaitement innocent, suivant la règle écrite dans la loi 14, § 3, *quod met. causa*.

4° La quatrième et dernière condition exigée pour l'application de l'interdit *unde vi* était relative à la nature de la chose : *il fallait qu'il s'agît d'un immeuble*. Cette doctrine était incontestable sous le droit classique ; elle est développée par Ulpien (l. 1, §§ 3 et 7, *de vi*).

Sous le Bas-Empire, en 389, une constitution de Valentinien, Théodore et Arcadius apporta aux règles précédemment exposées de profondes modifications. Ces empereurs voulurent réprimer d'une façon plus énergique encore l'emploi de la force, en faisant déchoir de son droit de propriété le *dominus* qui aurait eu recours à la violence afin de se faire justice à lui-même, et, s'il n'était pas *dominus*, en l'obligeant à payer, indépendamment de la restitution dont il était tenu dans tous les cas, la valeur de la chose ravie par violence. Cette déchéance s'appliquait indistinctement aux meubles et aux immeubles, ainsi que le dit Justinien, § 1, Instit., *de bon. vi rapt.*

La portée de cette constitution a soulevé dans la doctrine une controverse qui divise encore les romanistes modernes.

Suivant M. de Savigny, la conséquence qu'il faut tirer de cette constitution, c'est que désormais l'interdit *unde vi* pourra s'appliquer aux meubles. Cette constitution, dit-il, a opéré une véritable extension de l'interdit *unde vi* aux choses mobilières ; ce qui serait démontré par la place donnée à la loi de Valentinien dans le code de Justinien, où elle forme la loi 7 du titre *unde vi*. Ce système, ajoute le savant romaniste allemand, doit être nécessairement admis, car les conditions d'application de la constitution ne se trouvent point déterminées, et cette omission ne peut s'expliquer que par la pensée que Justinien renvoyait sur ce point aux conditions de l'interdit *unde vi*. D'autre part, l'action résultant de cette constitution est subordonnée à l'unique condition que le spolié avait la possession. Il y a là, par conséquent, une action possessoire rendant à celui qui avait perdu, par suite de violence, la possession d'un meuble, absolument le même service que procurait l'interdit *unde vi* à celui qui avait été dépouillé violemment de la possession d'un immeuble. Il s'ensuit donc qu'à partir de cette constitution il y a eu un interdit *recuperandæ possessionis* applicable aux meubles ravis à leur possesseur, et que l'interdit *unde vi* a dû être émis également pour les choses mobilières.

La théorie proposée par M. de Savigny a rencontré de nombreux contradicteurs. Elle nous paraît, en effet, peu conciliable avec la doctrine d'Ulpien reproduite dans la loi 1, §§ 3 et suiv., et avec le texte

des Institutes, § 6, *de interd.*, qui présentent toujours l'interdit *unde vi* comme s'appliquant exclusivement à la possession des immeubles. M. de Savigny a raison de dire que, pour avoir le droit de se prévaloir de la constitution, il suffit d'être possesseur. Mais ce qui est l'objet de cette constitution, ce n'est pas la création d'une action possessoire pour les meubles; cette action existait déjà. Elle était depuis longtemps consacrée par les règles de l'interdit *utrubi*, qui aboutissait à ce résultat, ainsi que nous avons essayé de le démontrer en nous occupant de cet interdit. « L'innovation », dit M. Machelard, « gît tout entière dans la peine dont est frappé l'au-
» teur de la violence, indépendamment de l'obli-
» gation de restituer. Quant à l'obligation de res-
» tituer, elle existait elle-même dans le droit anté-
» rieur à Valentinien. » Les principes de l'interdit *utrubi* suffisaient effectivement pour protéger les intérêts du possesseur d'un meuble victime d'une spoliation violente. Il devait agir dans l'année, sans avoir à redouter la possession actuelle du *dejiciens*, possession frappée vis-à-vis lui d'un vice originel. Seulement il était indispensable qu'il se plaignît avant l'expiration de l'année, le juge de l'interdit *utrubi* n'ayant mission d'examiner à qui appartenait la possession que *intra annum*. La condition de l'annalité ayant survécu à l'assimilation des deux interdits *retinendæ possessionis*, c'est précisément à ce point de vue qu'il importe de ne pas voir dans la faculté de recouvrer la possession d'un meuble *vi raptus* une extension de l'interdit *unde vi*. En effet, l'interdit *unde vi* peut être exercé même *post annum*,

quand l'auteur de la violence est resté en possession ;
au contraire, l'interdit *utrubi* est encore présenté
dans la législation justinienne comme étant donné
retinendæ possessionis. Or, on ne peut pas dire que je
demande à être maintenu en possession quand je
prétends faire changer un état de choses qui dure
depuis plus d'un an (Machelard, pp. 149-52 ; De-
mangeat, t. II, pp. 209-10).

Cette constitution, qui, comme toutes les mesures
extrêmes, dut être peu observée en pratique, eut cependant un effet considérable sur le droit. Elle amena
la confusion, la réunion des interdits *unde vi* et *de vi
armata*, et les conditions de ce dernier furent appli-
quées à tous les cas, sauf les deux exceptions que
nous avons indiquées précédemment.

Ceci posé, revenons aux principes applicables à
l'interdit *unde vi* avant que ne se fût opérée la confusion dont nous venons de parler.

A l'époque classique, la violence n'était pas un
vice absolu entraînant toujours et quand même la
condamnation du *dejiciens*. Sa conduite était considérée comme légitime, si la possession dont il avait
dépouillé son adversaire ne constituait qu'une possession vicieuse à son encontre. Ainsi, il était permis
d'user de représailles et de ressaisir par la violence
la possession que la violence avait fait perdre. La
violence était également tolérée quand il s'agissait
de reprendre une possession clandestine ou précaire.
C'est ce qui résulte de la formule de M. Vangerow,
que nous avons transcrite ci-dessus, et du *Comm.* IV,
§ 154, de Gaïus : *Quod si aut vi, aut clam, aut precario possiderit, impune dejicitur.* Il n'y avait d'ex-

ception à cette règle que dans l'hypothèse où la *vi dejectio* avait été accomplie à main armée. C'était là, comme nous l'avons vu, la différence principale qui existait entre la formule de l'interdit *unde vi* et celle de l'interdit *unde vi armata*.

Sous Justinien, l'exception est devenue la règle, et la tolérance des représailles n'existe plus. La violence ne trouve plus d'excuse dans l'indignité de celui contre qui elle a été employée; il faut recourir à l'autorité judiciaire; sinon, en se faisant justice à soi-même, l'on s'expose inévitablement à une condamnation en restitution. C'est l'état de choses qu'expose Justinien, § 6, *de interd.* : *Per quod is qui dejecit cogitur ei restituere possessionem, licet is ab eo qui dejecit vi, vel clam, vel precario possidebat.*

Cette innovation n'est pas due à Justinien; elle fut une conséquence naturelle de la constitution de Valentinien. Du jour où il fut admis, en effet, qu'une *dejectio* entraînait pour son auteur la déchéance du droit de propriété qui pouvait lui appartenir, *a fortiori* ne dut-on plus tenir compte d'un simple droit de possession.

Il est à remarquer, toutefois, que Justinien lui-même ne voyait pas une double *dejectio*, mais un acte unique et indivisible dans le fait de la part du *dejectus vi* d'employer la violence pour reprendre sa possession lorsque le droit de représailles était exercé de suite, *in ipso congressu*, disait Julien (l. 17, *de vi*), *confestim, non ex intervallo*, disait Ulpien (l. 3, § 9). Il entrait dès lors dans la mission du juge de rechercher si un intervalle s'était écoulé, ou si le ressentiment inspiré par les faits de violence était encore assez chaud, si nous pouvons nous exprimer ainsi, pour excuser ceux au moyen desquels la possession était reconquise.

Il est une autre exception qui compétait au *dejiciens*, du temps des jurisconsultes, en matière d'interdit *unde vi*. Cet interdit était soumis à une prescription annale. Si donc une année s'était écoulée depuis la *dejectio*, l'interdit ne pouvait plus être sollicité : *Tantum modo intra annum...., judicium dabo*, disait le préteur (l. 1, princip. *de vi*). Il s'agissait toutefois d'une année *utile* (l. 1, § 39, *de vi*). La durée impartie à l'efficacité de l'interdit *unde vi* s'éloignait donc de celle que notre législation française reconnaît aux actions possessoires pour lesquelles l'annalité est mesurée sur l'année du calendrier. Une autre différence existait encore entre les deux législations. Ainsi, dans notre droit actuel, l'annalité est une condition *sine qua non* de la recevabilité de l'action possessoire ; dans la législation antéjustinienne, l'annalité n'est exigée que pour obtenir réparation du préjudice causé au *dejectus*, quel que soit le profit retiré de la *dejectio* par le *dejiciens* ; s'agit-il, au contraire, de faire tenir compte au *dejiciens* du bénéfice que lui a procuré la *dejectio*, il ne sera pas fondé à exciper de la prescription annale : *Post annum de eo, quod ad eum qui vi dejecit pervenerit, judicium dabo.* Il résultait donc de cette distinction que le *dejectus* pouvait indéfiniment recourir à l'interdit *unde vi*, sans se préoccuper de l'annalité, chaque fois que le *dejiciens* conservait la possession de l'immeuble. Cette règle, du reste, était générale en matière d'interdits ne durant qu'une année, ainsi qu'il résulte de la loi 4, *de interd.* — L'exception

tirée de la prescription annale n'existait pas en matière d'interdits *unde vi armata*. C'était encore là un
des points qui différenciaient l'interdit *unde vi* simple
et l'interdit *unde vi armata*. Cette différence et l'exception qui en était la conséquence ont disparu par
suite de l'assimilation des deux interdits, assimilation qui remonte, ainsi que nous l'avons déjà vu, à la
constitution de Valentinien. Aussi ne trouvons-nous
rien dans les textes compilés par les commissaires de
Justinien qui rappelle la prescription annale de l'époque classique.

Mais déjà, sous le Bas-Empire, une constitution de
Constantin, de l'an 324 (loi unique, C., *si per vim*),
avait apporté à l'annalité romaine une restriction importante qu'ignore notre législation actuelle. D'après
cette constitution, si le *dominus* était absent et que les
détenteurs de l'immeuble eussent subi une *dejectio*,
ils pouvaient agir par la voie de l'interdit, bien qu'ils
n'eussent pas reçu mandat à cet effet, et bien que
les délais de l'année fussent expirés. Et, chose remarquable, les esclaves eux-mêmes qui détenaient
l'immeuble étaient investis d'un droit d'action, tant
était grande la défaveur attachée à la violence. De
plus, si les détenteurs divers des immeubles spoliés
par violence s'étaient abstenus d'agir, leur inaction
devait rester inoffensive à l'égard du *dominus*, qui
pouvait, à quelque époque qu'il revînt, exiger la restitution de l'immeuble : *Cui tamen quolibet tempore
reverso actionem possessionis recuperandæ indulge-
mus.*

§ II. — *Etendue de la condamnation.*

Le magistrat, dans cet interdit, ordonne la restitution de l'immeuble. Le demandeur qui triomphe doit
être rétabli absolument dans la position où il serait
s'il n'y avait pas eu *dejectio* : *Pristina causa restitui
debet, quam habiturus erat, si non fuisset dejectus*
(l. 1, § 32, *de vi*).

Au principal, la restitution en nature constitue
donc le meilleur mode de satisfaction. Elle peut être
obtenue par l'exécution du *jussus judicis*, la formule
arbitraire étant applicable. Mais si le défendeur n'est
pas en possession, soit parce qu'il n'a pas occupé
l'immeuble dont il a cependant expulsé le possesseur, soit parce qu'il a perdu la possession, le juge,
pour baser sa condamnation, doit estimer non pas la
valeur vénale de la chose, mais l'intérêt qu'avait la
possession pour le demandeur : *tanti condemnatio fa-
cienda est, quanti intersit possidere* (l. 6, *de vi*). La
même règle était aussi applicable à l'interdit *uti possidetis ;* nous l'avons exposée, ainsi que les difficultés
que devait rencontrer le juge pour arbitrer sa condamnation.

Mais, la restitution en nature opérée, le *dejectus*
peut bien ne pas trouver dans cette restitution une
satisfaction suffisante, s'il était en voie d'usucaper.
Sa possession a été interrompue par le fait de la
dejectio, et l'interruption aura peut-être pour lui les
conséquences les plus graves en retardant l'époque
de l'acquisition de la propriété, et en laissant au propriétaire, à qui le procès sur l'interdit aura peut-être

donné l'éveil, le loisir d'introduire en temps utile une instance en revendication. Comment, dans ce cas, arriver à fixer le chiffre des dommages-intérêts? Le seul moyen de s'en tirer était, ainsi que l'enseignent MM. Machelard et de Savigny, de recourir à une stipulation garantie par des fidéjusseurs, et par laquelle le *dejiciens* promettait au *dejectus* de l'indemniser s'il venait à être évincé par suite de l'interruption de la possession.

La condamnation doit en outre comprendre l'obligation pour le défendeur d'indemniser le demandeur qui triomphe de tout le dommage accessoire résultant de la *dejectio*, tel que perte de fruits à partir du jour de la dépossession, et quand bien même il ne les aurait pas perçus; il faut seulement se demander si le *dejectus* les eût recueillis. La condamnation doit enfin comprendre la restitution et les fruits des meubles qui ont été l'objet de la spoliation, en même temps que les immeubles. La plus grande sévérité était déployée à l'égard du *dejiciens*, qui était tenu même des cas fortuits. Et afin de faciliter la liquidation de cette condamnation, à raison des meubles perdus, l'empereur Zénon avait décidé que le demandeur serait admis à déclarer sous serment quelle était la valeur de ces meubles, sauf la fixation d'un *maximum* par le juge. La limite d'un *maximum* fixé par le juge ne fut, du reste, que l'application à ce serment du tempérament qui avait été apporté au *jusjurandum in litem* (l. 5, § 1, *de in lit. juram.*).

DROIT FRANÇAIS.

INTRODUCTION.

Avant d'examiner le cumul du possessoire et du pétitoire qui doit faire l'objet de notre dissertation, nous croyons devoir, sous forme de prolégomènes, dire quelques mots de la possession et des différentes actions possessoires en vigueur dans l'état actuel de notre législation.

SECTION PREMIÈRE.

DE LA POSSESSION.

La possession a joué un rôle très-important dans toutes les législations. Nous venons de voir qu'elle était l'élément essentiel des interdits possessoires dans la législation romaine. C'était aussi par elle qu'on arrivait à l'usucapion.

C'est par elle qu'on arrive, dans notre droit actuel, à la prescription acquisitive et qu'on interrompt une prescription en voie de s'accomplir. Elle est donc à la fois l'élément de la prescription et le remède contre ses dangers.

C'est par la possession matérielle ou détention que

se manifeste le droit de propriété. Elle est de ce droit un indice ou une présomption.

Dans notre ancienne jurisprudence, conforme en ce point aux principes du droit romain, c'était la possession matérielle résultant de la tradition qui conférait le droit de propriété.

Sous le nom d'occupation, elle nous permet d'acquérir les *res nullius*.

En matière mobilière, elle est un véritable titre de propriété, en vertu de la maxime qu'*en fait de meubles possession vaut titre*.

C'est elle enfin qui donne droit aux actions possessoires.

La possession est donc un fait d'une haute importance juridique ; aussi les législateurs de tous les temps se sont-ils préoccupés de la protéger, de la réglementer.

Les auteurs du Code ont élargi l'horizon romain. En passant à travers le moyen âge, le droit français a conquis des développements originaux dont il s'est fait pour ainsi dire une propriété. Nous trouvons aujourd'hui, condensés avec soin, tous les matériaux que les siècles ont successivement accumulés pour l'édification du corps de nos lois civiles. Mais le droit romain n'est pas devenu pour cela un champ stérile. C'est, au contraire, une terre qu'il ne faut pas se lasser de remuer, parce que les racines de notre arbre juridique y vivent encore vigoureuses et tenaces, et que leur suc alimente le rejeton qui a fleuri sur leur souche. C'est toujours, comme l'a dit Montesquieu, « un droit immortel qui, après des siècles, plane sur » le nôtre pour l'inspirer de ses souvenirs. »

La possession est définie par l'art. 2228 « la détention ou la jouissance d'une chose ou d'un droit que
nous tenons ou que nous exerçons par nous-mêmes,
ou par un autre qui la tient ou qui l'exerce en notre
nom. » Peu de définitions, même dans le Code, sont
aussi exactes que celle-ci. Ainsi la possession n'est
autre chose que la jouissance ou l'exercice d'un droit,
ajoutons, pour être exact, d'un droit réel. Lorsque cet
article nous parle de la détention d'une *chose*, que
veut-il dire, sinon l'exercice du droit de propriété?
Cette manière de parler tient à ce que, quand il s'agit
du *dominium*, le droit s'efface, pour ainsi dire, devant
la chose ; le lien juridique reste sous-entendu, et le
regard s'attache seulement à l'objet auquel il s'applique.

Cette définition est la consécration de l'antique
règle : *is possidet cujus nomine possidetur*. Pour avoir
véritablement droit au titre de possesseur, il faut, d'a-
près le Code civil lui-même, détenir en son propre
nom, comme exerçant un droit réel qui nous est propre, en un mot à titre de maître. C'est ce que Marcadé
(art. 2228, n° 1) a démontré avec sa verve habituelle
contre Troplong (*Prescript.*, n° 239). Ceux qui détien-
nent en notre nom ne sont donc pas de véritables pos-
sesseurs, et le terme de détenteurs ou détenteurs précaires est celui qui caractérise le mieux leur situation.

Puisque la possession n'est que la jouissance d'un
droit ou d'une chose, puisqu'elle est à ce droit ce que
le corps est à l'âme, puisqu'elle en constitue seulement la manifestation extérieure, il est vrai de dire
qu'elle n'est qu'un simple fait. Mais c'est un fait qui
peut donner naissance à des droits : *ex factis jura*

oriuntur. Or, comme tous les faits contingents sont entachés de mobilité, le législateur a dû, dans un intérêt de sécurité sociale, déterminer les caractères et la durée qu'il doit revêtir pour engendrer des droits. Ainsi, s'agit-il du droit de propriété, la possession de la chose est l'élément principal de son acquisition. Cette possession, se continuant dans certaines conditions et pendant une certaine période d'années, produit le droit de propriété avec les actions qui y sont attachées et qui permettent au propriétaire de ressaisir la jouissance qui lui aurait momentanément échappé. Ces actions protectrices du droit de propriété s'appellent *actions pétitoires ou en revendication.*

Si, durant la longue période d'années nécessaires à l'acquisition de ce droit, la possession vient à être compromise par les envahissements d'un prétendant où les entreprises d'un spoliateur, le possesseur n'a pas les actions pétitoires pour reprendre la chose possédée entre les mains de l'usurpateur ou pour faire respecter le fait actuel de sa possession; mais il jouit d'une protection légale, fondée sur une présomption de propriété, conséquence de sa possession. Il est présumé propriétaire jusqu'à ce que le contraire soit démontré. Ainsi, de même que la possession continuée pendant trente ans produit le droit de propriété, de même la jouissance de la chose se continuant pendant une année entière donne naissance à un droit d'une nature analogue qui est appelé droit de possession ou *possession annale.* Si donc une année s'est écoulée et que la possession ait revêtu les caractères exigés par la loi, en l'absence du droit de propriété,

elle en prend les couleurs et en obtient les immunités.

Le possesseur de l'immeuble a ce que nous appe-
lons dans notre droit la *saisine*, c'est-à-dire qu'il est
saisi ou présumé saisi de la propriété. De là cette
maxime de notre ancien droit : « *Saisine et possession
gaigné par tenure paisible, après an et jour, trait à soy
et gaigne la propriété de le héritage.*

La possession annale crée donc au profit du possesseur une position privilégiée que la loi ne permet
pas d'enlever à celui qui en est investi. Elle est protégée par les *actions possessoires*.

Nous sommes donc déjà bien loin de l'interdit *uti
possidetis* qui, à Rome, protégeait la possession actuelle *interdicti tempore*. Cette réforme, due à une
cause purement historique, n'en est pas moins très-
heureuse au point de vue philosophique. Lorsque
l'ordre établi par la civilisation romaine eut disparu
sous le flot de l'invasion germanique, il ne fut plus
possible, au milieu de la confusion des biens, et alors
que toute sécurité avait disparu, de protéger le possesseur actuel, qui souvent n'était qu'un usurpateur.
On n'accorda le titre de possesseur légitime qu'à
celui dont la possession avait duré un certain temps,
et ce temps fut fixé à un an.

Le législateur cependant ne s'est pas contenté de
venir au secours du possesseur annal : il a voulu
encore, s'inspirant des souvenirs de l'interdit *unde vi*,
faire respecter le simple fait de la détention actuelle
dont la durée n'a pas atteint celle d'une année. Cette
protection est subordonnée à une expulsion qui revêt
les caractères de la violence ou voie de fait. L'en-

vahisseur qui aurait eu recours à la violence alléguerait vainement n'avoir fait que reprendre sa chose que le précédent détenteur avait usurpée ; il invoquerait vainement le titre de propriétaire ou de possesseur annal : il n'en serait pas moins tenu à la réparation due par celui qui emploie la violence pour se faire justice à lui-même : *Spoliatus ante omnia restituendus.* Cette action est appelée *réintégrande.*

Voilà donc trois situations diverses nettement accusées. Le possesseur, devenu propriétaire, exerce, quand il est dessaisi, l'action pétitoire. Le possesseur devenu possesseur annal a, pour faire cesser le trouble à sa jouissance ou pour reprendre la chose entre les mains d'un tiers, l'action possessoire. Enfin le simple possesseur, expulsé par violence ou voie de fait, est protégé par la réintégrande.

Il est une autre action possessoire dont la procédure incertaine et confuse nous a été transmise par les écrits de nos vieux jurisconsultes, et qui, pendant longtemps oubliée, a reçu une consécration du législateur de 1838 : c'est la *dénonciation de nouvel œuvre.*

Il y a aussi les *actions possessoires tendant à la répression des entreprises commises dans l'année sur les cours d'eau servant à l'irrigation des propriétés ou au mouvement des usines et moulins.* L'économie de l'article 6 n° 1 de la loi de 1838 ne permet pas, en effet, de confondre ces actions avec les précédentes, et la Cour de cassation, après quelques hésitations, nous paraît enfin leur avoir récemment reconnu le caractère et la nature que le législateur de 1838 leur avait attribués, ainsi que nous le verrons ultérieurement.

Les actions possessoires ne sont admises que pour

les immeubles. A Rome, elles étaient admises même pour les meubles individuels, ainsi que nous l'avons vu en examinant les principes applicables à l'interdit *utrubi*. Sur ce point déjà, notre ancienne jurisprudence avait fait plein divorce avec la législation romaine : « *Pour simples meubles*, disait Loysel, *on ne peut intenter complainte.* » Ils n'ont pas assez d'importance, ils circulent trop rapidement pour qu'on doive les soumettre au préliminaire du possessoire. D'ailleurs, les nécessités du commerce ayant imposé la règle « *en fait de meubles possession vaut titre*, » tout débat sur la possession des meubles est devenu une question de propriété.

D'après l'art. 97 de la Coutume de Paris, et sous l'empire de l'ordonnance de 1667, celui qui avait joui pendant an et jour d'une succession mobilière avait l'action en complainte contre le tiers qui le troublait dans sa possession en se comportant comme héritier, et, par exemple, en exerçant des poursuites contre les débiteurs de la succession (Pothier, *Possess.*, n° 94). Le trouble à la possession d'une universalité de meubles peut-il encore aujourd'hui servir de base à la complainte? Cette question, plus théorique que pratique, est vivement controversée. Pour la négative, on argue du silence de l'art. 6, § 1, de la loi de 1838, reproduisant l'art. 10 de la loi de 1790, et de l'art. 3 du Code de procédure, § 2, se référant simplement aux immeubles. (Aubry et Rau, § 185, texte et note 3.) L'affirmative nous semble préférable. Le silence de nos textes nous laisse sous l'influence de l'ancien droit. Or les auteurs, les arrêts, les coutumes, l'ordonnance, s'accordaient à reconnaître que les actions possessoires, inadmissibles pour les meubles particuliers, étaient applicables aux universalités de meubles (Troplong, *Prescript.*, I, 281 ; Boitard et Colmet d'Aage, I, 628 ; Marcadé, art. 2228, n° 3).

Toutes les actions possessoires sont de la compétence des juges de paix, quel que soit le chiffre de la demande ; mais aussi le jugement rendu peut toujours être attaqué par la voie de l'appel qui est porté devant le tribunal civil. Cette attribution de compétence a ses avantages : en confiant à un juge qui est sur les lieux la connaissance d'un litige où l'enquête est souvent nécessaire, et où la vue du terrain contesté peut être indispensable, la loi a assuré aux plaideurs une justice toujours prompte et basée sur des faits précis. Mais, d'un autre côté, il est nombre de cas très-difficiles ; toutes les fois, par exemple, qu'il s'agit de cours d'eau, que l'autorité administrative est en jeu, ou qu'il y a danger de cumuler le pétitoire avec le possessoire, et, à la vérité, ce dernier écueil ne se présentera que trop fréquemment, la sagacité de ce modeste mais utile magistrat ne saurait être trop profonde et sa science juridique trop étendue. Dans bien des hypothèses de cette nature, les jurisconsultes les plus éminents se troublent, la jurisprudence hésite, se tait, ou présente souvent des solutions inconciliables. Alors, que peut faire le juge de paix, de qui la loi n'exige pas la connaissance des difficultés les plus sérieuses de la science du droit? Aussi, nous pouvons le dire un peu par expérience et sans manquer de respect à des magistrats distingués, il est des espèces tellement hérissées de difficultés, que la question ne se discute sérieusement qu'en appel, et encore!...

Au-dessus des tribunaux de première instance on ne trouve plus qu'un grand vide ; il faut monter, monter jusqu'aux hauteurs sereines où la cour suprême rend ses arrêts. Enfin, et pour combler la mesure, la loi a consacré cinq articles rapides et pour ainsi dire énigmatiques à une matière sur laquelle on a écrit des volumes. A ces maux, quel remède? celui de faire une loi nouvelle et détaillée sur les actions possessoires, une loi où la matière sera plus approfondie qu'elle ne l'a été en 1838, déterminer les hypothèses où la compétence est encore douteuse et où le conflit entre l'autorité administrative et judiciaire est à redouter, et surtout expliquer un peu ce qu'il faut entendre par l'art. 25 du Code de procédure civile : *Le possessoire et le pétitoire ne seront jamais cumulés.*

Le jour où les représentants de la nation française accompliront ce grand œuvre, ils rendront un immense service et aux juges de paix et à leurs justiciables.

Ces notions générales exposées, esquissons à grands traits les règles applicables à chacune de nos actions possessoires.

SECTION II,

DES ACTIONS POSSESSOIRES,

§ I. — *De la complainte.*

La complainte, dans l'état actuel de notre législation, est l'action intentée par celui qui a la jouissance
légale d'un héritage ou d'un droit réel, afin d'être
maintenu ou réintégré dans sa possession qui a été
troublée ou dont il a été spolié.

Ainsi définie, la complainte semblerait répondre à
l'interdit *uti possidetis* des Romains que nous avons
examiné dans la première partie de notre travail.
Nous ne partageons pas toutefois l'avis de ceux qui
pensent que l'action possessoire en complainte soit
d'origine romaine. Elle diffère sous plusieurs rapports de l'interdit *uti possidetis.*

Nous avons vu que la possession *ad interdicta retinendæ possessionis* différait d'une manière fondamen-
tale de la possession *ad usucapionem*, et que le droit
prétorien protégeait la possession réunissant les deux
éléments du *corpus* et de l'*animus* et exercée *nec vi, nec
clam, nec precario ab adversario.* La possession, protégée par notre complainte, doit réunir d'autres caractères que notre législateur moderne a pris le soin
d'énumérer dans les art. 2229 du Code civil et 23 du
Code de procédure civile,

De plus, parmi ces caractères (art. 23) doit figurer
en première ligne l'*annalité*, condition que n'avait

pas à rechercher le juge romain, puisque sa seule mission consistait à déterminer lequel des deux plaideurs avait la possession au moment de l'émission de l'interdit.

Enfin, hors le cas où le *dejectus* ne trouvait en opposition avec la sienne qu'une possession vicieuse à son encontre, l'interdit *uti possidetis* était simplement *retinendæ possessionis*, tandis que la complainte est à la fois *retinendæ et recuperandæ possessionis*, en ce sens qu'elle est utile même en cas de dépossession totale.

La complainte, il est vrai, se rapproche de l'interdit *uti possidetis* en ce que l'un et l'autre supposent un simple trouble ; mais, à part ce point de contact, aucun parallèle ne peut s'établir entre eux.

C'est donc à une autre source qu'il faut aller puiser l'origine de notre complainte. Aux termes de la loi salique, la possession d'un an faisait acquérir au nouveau venu dans la *villa* l'incolat et les droits de communauté qui en dépendaient. Au ixe siècle, la prescription de la loi salique fut étendue à la propriété individuelle. Aussi la plupart de nos vieilles coutumes et les plus anciens monuments de notre droit français constatent que la possession d'an et jour suffisait autrefois pour l'acquisition de la propriété territoriale. On rencontre bien, dès cette époque, le terme de complainte, mais il est synonyme de revendication : c'est l'action que nos vieux auteurs appellent *complainte en cas de propriété*. Le vieux mot de *saisine* lui-même n'exprime d'autre idée que celle d'investiture du propriétaire par le seigneur. Cette prescription annale fit peu à peu place, au contact de la législation romaine, à une prescription plus longue. Il fallut successivement trois ans, cinq ans, dix ans, pour que la prescription pût s'accomplir. Dès lors la prescription annale, insuffisante pour l'acquisition de la propriété, n'en fut plus qu'un indice ou une présomption. Elle continua néanmoins d'exister avec ses anciens effets ; mais ces effets eux-mêmes perdirent peu à peu leur caractère définitif, et le possesseur annal ne fut plus qu'un propriétaire présumé au lieu d'être un propriétaire irrévocable. La complainte continua de subsister, mais elle ne fut plus qu'une action possessoire. Par là s'est trouvée consacrée la séparation du possessoire et du pétitoire. Ce système, dont nous venons d'emprunter l'exposition à l'excellent ouvrage de notre savant maître, M. Bourbeau, compte aujourd'hui beaucoup de partisans (Bourbeau, Proc. civ., *de la Just. de paix*, n°° 277 et suiv.; *contra*, Troplong, *de la Prescript.*, 1, 290; Henryon de Pansey, Toullier, Merlin).

Maintenant, pourquoi, dans notre droit, la complainte peut-elle servir à recouvrer une possession perdue? Il n'en n'était pas ainsi avant le xive siècle. Les actions possessoires se divisaient en trois branches :

1° Complainte en cas de *force* : c'était la *réintégrande;*

2° Complainte en cas de *nouvelle dessaisine* : c'était l'action possessoire, exercée hors le cas d'une violence matérielle, mais dans l'hypothèse où la possession avait été totalement perdue ;

3° Complainte en cas de *nouveau trouble* ou de *nouvelleté* : c'était la véritable complainte possessoire.

Pour intenter les deux premières actions, comme il fallait avouer que l'on avait perdu la possession, l'on exigeait une caution de la part du demandeur : c'était la procédure d'*applégement*. Mais au xive siècle, Simon de Bucy, premier président du Parlement, pour éviter cet inconvénient, introduisit une fiction, en vertu de laquelle celui qui avait été expulsé ou *dessaisi* pouvait ne considérer l'expulsion ou la *dessaisine* que comme un simple trouble, et éviter ainsi de fournir caution.

Ainsi la possession, perdue en fait, était censée durer encore ; c'est la fiction que l'art. 2243 a consacrée.

Disons quelques mots du trouble possessoire.

Des troubles. — On nomme trouble tout acte par lequel un individu porte atteinte à notre possession. On a distingué de tout temps, dans notre législation française, le *trouble de fait* et le *trouble de droit*.

Le trouble de fait est celui qui se manifeste par des actes matériels ; le trouble de droit, au contraire, résulte d'actes judiciaires ou extrajudiciaires.

Le trouble de fait est, dit M. Bourbeau, n° 338, *direct* ou *indirect* : — *direct*, lorsque les actes matériels s'exercent sur la chose même possédée par autrui ; — *indirect*, lorsque le trouble résulte d'un obstacle ou d'un empêchement produit par des actes matériels ou des ouvrages que l'auteur du trouble aurait faits sur son propre fonds. Cette heureuse distinction est un véritable trait de lumière. Elle permet, à l'aide de la jurisprudence actuelle, de poser quelques principes en cette matière, résultat précieux pour quiconque a lu les théories fantaisistes de nos vieux auteurs et suivi les variations de notre ancienne jurisprudence.

D'après le même auteur, le trouble direct doit réunir les deux éléments suivants : acte matériel d'une part, et, d'autre part, intention d'exercer un droit rival de celui du possesseur.

Ainsi donc, toute entreprise sur le fonds d'autrui ne constitue un trouble qu'autant que les faits impliquent une contestation des droits du possesseur. Les faits accidentels qui ne révèlent pas la prétention d'user d'un droit ne doivent pas être considérés comme des faits de trouble (req. 3 août 1852; S. 52, 1, 652).

De plus, les faits dommageables qui ne révèlent pas l'intention de s'attribuer la possession ou de contester celle d'autrui peuvent donner lieu à une action en dommages-intérêts, par exemple à une action en dommages aux champs par application de l'art. 5 de la loi de 1838, mais non à la complainte (Aubry et Rau, § 187).

Mais un fait qui, pris isolément, peut paraître accidentel ou insignifiant, devient un véritable trouble s'il doit être suivi d'une série d'actes de même nature pouvant constituer un droit.

La complainte ne cesserait-elle pas d'être recevable si, à l'audience, le défendeur reconnaissait la possession du demandeur ? Un arrêt de la chambre des requêtes du 29 mars 1858 (D., 1, 217) avait décidé l'affirmative. D'après cet arrêt, il suffirait au défendeur au possessoire de reconnaître en présence du juge la possession qu'il a contestée par des faits agressifs pour échapper à une condamnation et s'assurer l'impunité; aussi la cour de cassation n'a pas persisté dans cette jurisprudence, que combattaient la plupart des auteurs, et, par arrêt (C. civ. du 20 nov. 1871; S., 71, 1, 26), elle a décidé que cette reconnaissance ne changerait pas la nature du débat ; si les faits étaient tels que le demandeur aurait pu croire sa possession menacée, la complainte serait recevable (Aubry et Rau, § 187 3° ; Bourbeau, n° 339).

En ce qui touche le trouble indirect, M. Bourbeau fait une distinction non moins ingénieuse que la première. S'il n'y a pas de titre conventionnel ou légal fixant le mode suivant lequel les parties doivent user de leurs droits respectifs, il faut, pour qu'il y ait trouble, que les travaux ou ouvrages faits par l'une d'elles sur son fonds constituent non-seulement une innovation, mais encore un préjudice actuel ou tout au moins prochain. Si, au contraire, il y a titre conventionnel ou légal, l'infraction à la convention ou à la loi constitue à elle seule un trouble pouvant motiver la complainte.

Le trouble de droit était diversement défini dans l'ancien droit ; autant d'auteurs anciens, autant de définitions. Que décider dans le droit actuel ? Tous les actes d'interruption civile de la possession sont des troubles de droit, mais ce ne sont pas les seuls. Tout acte judiciaire ou extrajudiciaire par lequel on conteste la possession est un trouble de droit qui peut donner lieu à la complainte. Ainsi, quand un propriétaire fait, par acte extrajudiciaire, défense à son voisin d'user d'une des facultés inhérentes au droit de propriété; quand un tiers somme mon fer-

mier de payer désormais ses fermages entre ses
mains, ou que mon fermier me signifie sa résolution
de ne plus me payer de fermages à l'avenir; quand
un garde champêtre ou forestier dresse procès-verbal
contre moi sous prétexte de contraventions à des
propriétés rurales ou forestières : dans tous ces cas,
ma possession étant contestée, il y a lieu à complainte (Dalloz, v° *Act. poss.*, n°ˢ 82-83 ; Aubry et
Rau, § 187; Bourbeau, 346; Bioche, 50, 51).

Le trouble de droit peut aussi résulter d'une action
en complainte (Pothier, *de la Possess.*, n°ˢ 103-104),
d'une action civile ou criminelle pour dommages aux
champs, d'une opposition à une autorisation de-
mandée à l'administration quand elle met en question l'existence et les effets de la possession de l'auteur de la demande (Cass. 13 mars 1867 ; S., 67, 1,
249).

L'avertissement donné en vertu de la loi du 2 mai
1855 n'est pas un trouble de droit (just. de paix de
Toulouse, 19 juillet 1858; corresp. des J. de P., 59,
p. 150). Comment, en effet, pourrait-il y avoir trouble
dans le fait d'envoi d'un avertissement qui n'est pas
motivé, qui n'indique pas l'objet de la demande, qui
est un appel à la conciliation ?

Peut-on, quand on a la possession d'un terrain mis
en vente, se pourvoir en complainte contre le vendeur? Cette question est controversée (*aff. :* Bourbeau, n° 346; Bioche, n° 52 ; *nég. :* Belime, n° 332;
Aubry et Rau, § 187). Un jugement du juge de paix
des Ponts-de-Cé, du 14 mars 1870, a consacré l'affirmative (*Bull. des décisions*, XII, p. 179). Cette décision nous paraît bien rendue. Celui qui a la posses-

sion est présumé propriétaire ; il doit avoir seul la jouissance et le droit de disposer de la chose tant qu'il n'y a pas contre lui de jugement au pétitoire (civ. cass. 6 avril 1859 ; D., 59, 1, 152). Or, il n'a plus la libre disposition de la chose si un tiers peut publiquement et impunément mettre l'immeuble en vente (Léligeois, v° *Trouble*, n° 36). M. Belime conteste qu'il y ait trouble, par la raison que le vendeur assigné en complainte pourrait dire qu'il reconnaît n'avoir pas la possession, qu'il se croit seulement propriétaire. Nous n'avons pas besoin de faire remarquer que s'il pouvait en être ainsi, tous ceux qui commettent un trouble de droit ne manqueraient jamais de tenir ce langage, et la voie de la complainte deviendrait purement illusoire.

Si deux personnes se disputent au pétitoire le bien que je possède, puis-je intenter contre elles l'action possessoire ? Sans aucun doute. Et d'abord, je ne saurais être obligé de former tierce opposition, puisque ce serait me priver de l'avantage de ma possession (cass. 7 février 1849 ; S., 49, 1, 401). J'aurai le choix entre agir immédiatement en complainte contre les deux contendants à la propriété de mon bien, ou bien attendre l'exécution du jugement, et, par mon action possessoire, rejeter le rôle de demandeur sur celui qui voudra me faire exécuter ce jugement.

Si deux plaideurs se disputent mon bien au possessoire, il est également certain que je puis intervenir, car il est évident que tous les deux contesteront ma possession, et cette contestation étant un trouble, motivera mon intervention. Mais si je ne veux intervenir, je n'y suis pas forcé. Il en était autrement sous l'ancien droit ; la règle : *complainte sur complainte ne vaut*, signifiait que je devais intervenir par opposition à la complainte engagée entre deux personnes relativement à mon bien, sous peine de ne pouvoir agir au possessoire lorsque la partie victorieuse serait venue faire exécuter la sentence intervenue entre elle et son adversaire. Mais cette règle, n'ayant pas été reproduite par nos codes, est demeurée par là même supprimée.

Nous ne voulons pas ici examiner les caractères que doit revêtir la possession pour pouvoir se placer sous la protection des actions possessoires. Il nous suffira de rappeler que l'art. 23 du Code proc. civ. doit être complété par le Code civil. La possession annale, avons-nous dit, fait présumer la propriété ; elle doit donc réunir tous les caractères de la possession utile à prescrire. Les expressions *paisible* et *non précaire* de l'art. 23 n'ont point pour but de déroger au droit commun tracé par l'art. 2229 du Code civil ; elles sont énonciatives et non restrictives. C'est dans ce sens que s'est expliqué M. Faure, rapporteur du Tribunat, sur l'art. 23, puisqu'il dit positivement « *que la possession dont il y est question doit avoir été continue et non interrompue, paisible, publique, non équivoque et à titre de propriétaire.* » La possession à laquelle manque l'une de ces conditions n'est donc qu'un simple fait. La loi ne vient à son secours qu'en cas de dépossession par violence ou voie de fait, ainsi que nous allons le voir en exposant les principes sur lesquels repose *la réintégrande.*

§ II. — *De la réintégrande.*

L'action en réintégrande de notre droit français a incontestablement une origine romaine. C'est, sous une dénomination nouvelle, l'interdit *unde vi.* Le droit canonique le premier en développa les règles, lui donna son nom qui fut emprunté au premier mot d'une décision contenue dans un recueil du xii° siècle. Les décrétales en fixèrent les principes et n'apportèrent au droit de Justinien que des modifications qui n'en altérèrent pas l'essence. La théorie du droit canonique se résumait dans la maxime : *Spoliatus ante omnia restituendus.* C'est à saint Louis que revient l'honneur d'avoir introduit la réintégrande dans les juridictions séculières. Il posa dans ses Établissements, à côté de la maxime du droit canonique, le principe : *Nul ne doit en nulle cour plaider dessaisi* (*Établiss. de saint Louis,* liv. I, chap. LXV). Beaumanoir, dans son Commentaire de la coutume de Beauvoisis, distinguait, ainsi que nous l'avons vu, les cas de trouble, dessaisine et force, et indiquait comment on devait *ouvrer* dans chacun d'eux. Le cas de force correspondait sans aucun doute à la réintégrande. L'art. 63 de l'ordonnance de 1539 faisait à la réintégrande une place à côté de la complainte ; celle de 1667 mentionnait aussi la réintégrande avec son caractère répressif et pénal qui la rattache à l'interdit *unde vi.* « *Celui qui a été dépossédé par violence ou voie de fait,* dit l'art. 2, tit. XVIII, *peut demander la réintégrande par action civile et ordinaire, ou extraordi-*

naire par action criminelle. A partir de cette époque, elle devient d'un usage moins fréquent ; la plupart des coutumes sont muettes à son égard ; aussi nombre d'auteurs de cette époque enseignent qu'elle s'était fusionnée avec la complainte. Les lois révolutionnaires gardent le silence, qui n'est rompu que par l'art. 2060 du Code civil. Enfin la loi de 1838 vient consacrer civilement son existence et lui donner la place qu'elle mérite par les services bienfaisants qu'elle a déjà rendus et qu'elle est encore appelée à rendre à la société.

Mais la réintégrande de la loi de 1838 ne diffère-t-elle de la complainte que par la nature du fait qui porte atteinte à la possession, et ne doivent-elles pas être assimilées au point de vue de la nature et de la durée de la possession ? Aucune question n'a plus vivement passionné les auteurs anciens et modernes ; c'est, en effet, une des plus graves de celles qui se rattachent à la matière des actions possessoires. La controverse remonte à Philippe de Valois. Tous les auteurs qui ont écrit sur les actions possessoires ont apporté dans cette discussion les fruits de leurs laborieuses recherches, et il serait intéressant, si notre sujet le comportait, de rappeler ici les arguments nombreux et savants accumulés, par les uns pour démontrer que la condition de l'annalité était également nécessaire à la recevabilité des deux actions, et par les autres pour arriver à la preuve contraire. Le silence et la concision des textes anciens et modernes fournissent des armes à l'un et à l'autre système. M. Bourbeau, dans le remarquable ouvrage que

nous avons déjà cité, place la question sur un autre
terrain. « La réintégrande, dit-il, considérée comme
» action spéciale, fut-elle dans le moyen âge une
» sorte de mesure de salut public que l'état social
» de cette époque excuserait sans la justifier ?
» Il est vrai qu'avant l'introduction de la réinté-
» grande dans les juridictions séculières, la violence
» répondait à la violence. La réintégrande apporta
» le remède, et je ne consentirais à la considérer
» comme inutile et abolie par une sorte de dé-
» suétude que si l'on me montrait la convoitise
» et la violence bannies de notre société moderne.
» C'est après avoir reçu l'empreinte du rationalisme
» romain et de l'examen de l'Église que la fameuse
» règle : *Spoliatus ante omnia restituendus*, fut ac-
» cueillie par la législation du moyen âge. Et cette
» règle, loin d'être répudiée par notre civilisation
» moderne, est formellement admise dans des Codes
» auxquels les nôtres ont servi de type. La réin-
» tégrande , même au profit du possesseur de
» quelques jours, est écrite dans le nouveau Code
» hollandais (art. 609) et dans le Code de procédure
» de Genève (art. 261). En vain, ajoute-t-il plus
» loin, l'auteur de la violence alléguerait-il l'absence
» chez son adversaire de tout droit à la chose ; en
» vain se prévaudrait-il de son droit de propriétaire
» ou de possesseur : ce droit lui conférait une
» action pour obtenir par les voies légales la
» possession matérielle de la chose ; en s'en em-
» parant par violence ou voie de fait, il a commis
» un acte illégal dont il doit réparation.» (Bourbeau,
n°° 284-85).

Ainsi, d'après M. Bourbeau, la réintégrande, romaine par son origine, est une action spéciale. Régie dans notre ancienne jurisprudence par des règles particulières, elle a continué à exister dans nos lois actuelles avec son ancienne nature et les conditions qui marquèrent son origine.

Et, bien que la loi du 24 août 1790 et le Code de procédure n'eussent point parlé de la réintégrande, la cour suprême ne s'y était pas trompée. Elle avait toujours jugé, et notamment sous la présidence de l'illustre Henryon de Pansey, partisan du système que nous venons d'indiquer, que c'était une action distincte de la complainte, et qu'elle ne nécessitait pas la possession annale. Depuis la loi de 1838, l'opinion contraire ne nous paraît pas soutenable. La réintégrande y est nommée et formellement distinguée de la complainte; donc les conditions de ces deux actions sont différentes. La jurisprudence de la cour de cassation à cette époque était déjà fixée; or c'est la jurisprudence, et non les écrits des jurisconsultes, qui préoccupe le législateur. Si donc la loi de 1838 avait voulu s'écarter de la jurisprudence reçue, elle s'en fût formellement expliquée. M. Renouard, au contraire, l'un des rapporteurs de la loi, a déclaré à la Chambre que « l'art. 6 attribue aux juges de paix la con- » naissance, à charge d'appel, des actions posses- » soires, dont il donne, *à l'aide de la jurisprudence,* » une explication plus complète que ne l'avait fait » la loi de 1790. »

Et cependant une partie de la doctrine proteste encore en faveur de l'annalité (Troplong, *de la*

Prescript., I, n° 302 et suiv.; Curasson, *Act. poss.*, n° 28 et suiv.; Marcadé, *de la Prescript.*, p. 69; Toullier, XI, n° 124-44; Zachariæ, I, p. 338; Chauveau, 107 *bis*; Carou, n° 66).

Néanmoins, la cour de cassation est restée inébranlable dans sa jurisprudence, ainsi que l'attestent les arrêts les plus récents sur la matière (Cass. civ. 2 juil. 1862, S., 62, 1, 837; Cass. 10 fév. 1864, S., 64, 1, 257; req. 25 avril 1865, S., 65, 1, 223).

Ceci admis, la réintégrande est donc l'action qu'intente celui qui a été dépouillé par violence ou voie de fait d'un immeuble contre l'auteur de la spoliation pour se faire remettre en possession.

Elle diffère de la complainte en ce qu'elle n'exige pas la preuve d'une possession annale, et qu'il suffit au spolié d'établir le double fait de sa possession actuelle et matérielle (possession de pur fait, détention naturelle et purement matérielle, comme disent les arrêts de la cour de cassation) et de sa dépossession par violence ou voies de fait. La réintégrande n'exige pas même une possession utile à prescrire. Elle est donc recevable lorsque celui qui l'intente a été dépouillé de la détention d'un immeuble non susceptible de prescription, comme dépendant du domaine public (req. 10 févr. 1864, S., 64, 1, 257; req. 18 juin 1866, S., 66, 1, 305).

Nous avons vu, en nous occupant de l'interdit *unde vi*, qui, pour nous, correspond à la réintégrande, que les vices de violence, de clandestinité et de précarité n'étaient pas, dans le droit de Justinien, un obstacle à la réintégration du spolié;

devons-nous en dire autant dans la législation française ? Oui ; la réintégrande protége tous les faits
acquis, quelque vicieuse que soit leur origine (civ.
cass. 5 août 1845, S., 46, 1, 48 ; 2 juillet 1862,
S., 62, 1, 836 ; 25 avril 1865, S., 65, 1, 223).
C'était ainsi, du reste, que l'entendait notre ancienne
jurisprudence, ainsi qu'il résulte du commentaire
de Beaumanoir : « *Que la saisine soit bonne ou*
» *malvese, je dois être ressaisis avant toute œuvre , se*
» *je le requiers* » (Cout. de Beauvoisis , chap. 32).

L'ordonnance de 1667 elle-même , après avoir
exigé pour la complainte une possession qualifiée,
se gardait bien de reproduire cette condition en
matière de réintégrande.

Pothier nous enseignait enfin (*de la Possess.*,
§ 114) que l'on pouvait intenter cette action, quelque
vicieuse ou injuste que fût la possession ; que le
droit canon exigeait une possession juste , mais
que la jurisprudence profane, plus pratique, n'avait
pas adopté ces idées.

Mais la réintégrande suppose une détention paisible de la chose dont on a été dépouillé par force,
c'est-à-dire que « la possession doit avoir été
paisiblement assise au moment où la violence sur-
vient » (Bourbeau, n° 336). En d'autres termes, « celui
» qui ne s'est procuré la détention d'une chose qu'au
» moyen d'actes violents n'est point admis à former
» la réintégrande lorsqu'il a été dépossédé à son
» tour par voie de fait, si d'ailleurs il ne s'est point
» écoulé, depuis la cessation de la violence, un délai
» moral suffisant pour faire considérer sa détention
» comme paisible » (Aubry et Rau, § 189).

Un autre caractère que doit avoir la détention du demandeur, c'est la publicité. La société ne doit pas de protection à une possession qui ne se produit pas au grand jour, et qui est ignorée de ceux-là même qui auraient le plus d'intérêt à la connaître (req. 25 mars 1857, S., 58, 1, 453 ; 6 juin 1866, S., 67, 1, 258).

On est généralement d'accord pour admettre que la réintégrande ne saurait protéger la possession des servitudes discontinues. Dans ce cas, en effet, le maître du fonds servant a empêché d'exercer un acte sur son fonds ; il ne saurait ici y avoir spoliation, car, ainsi que le disait la loi romaine, *nemo de servitute, id est mero jure, detruditur* (Dalloz, v° *Act. posses.*, n° 116). Nous croyons toutefois devoir ajouter, avec M. Bourbeau (n° 387), que si des travaux apparents ou des ouvrages avaient été effectués pour l'exercice de la servitude, la destruction de ces travaux constituerait la dépossession ou l'expulsion violente et donnerait lieu à la réintégrande.

La réintégrande suppose un acte agressif sur la personne ou le fonds même du plaignant, qui, mettant en mouvement le droit de légitime défense, pourrait troubler la paix publique. Il faut de plus que la voie de fait soit grave, positive et de nature à provoquer une collision. Il appartient au juge de paix d'apprécier les faits et de se déterminer d'après leur degré de gravité ; aussi serait-il téméraire de procéder par voie d'exemple. La jurisprudence, à cet égard, lui offre de nombreux éléments d'appréciation dans lesquels il pourra rechercher le véritable esprit de la loi sur ce point.

§ III. — *De la dénonciation de nouvel œuvre.*

Dans la procédure romaine, la *nuntiatio novi operis* ne constituait ni une action ni un interdit. Préambule extrajudiciaire de l'interdit restitutoire, la *nuntiatio* avait pour but de faire suspendre des travaux commencés. Elle constituait en faute l'adversaire, qui, s'il venait à continuer les travaux, était condamné à détruire ce qu'il avait fait, quelle que fût la légitimité de son droit. Justinien voulut qu'à partir de la *nuntiatio* le juge fît son possible pour terminer le débat dans les trois mois, sinon que, sous caution, il fût permis de terminer les travaux commencés.

La dénonciation passa de bonne heure dans notre procédure française. Nous la retrouvons au xve siècle avec ses anciens caractères. Au dire de Boutillier, elle n'avait encore en vue qu'un dommage éventuel ; mais déjà, comme le fait remarquer Merlin, on voit percer chez le dénonçant l'intention de demander la destruction des travaux. Plus tard, la marche de l'action se régularise ; elle devient judiciaire, c'est-à-dire qu'une assignation à la partie de comparaître devant le juge devient le préliminaire indispensable de l'action ; elle se confond dès lors avec la complainte, et peut être formée dans l'année qui a suivi l'achèvement des travaux. Cette confusion explique le silence gardé par l'ordonnance de 1667, par les coutumes, par Pothier lui-même, par les lois révolutionnaires et par nos codes.

La Cour de cassation, jusqu'en 1826, nous paraît s'en être tenue aux anciens principes, qui assimilaient la dénonciation et la complainte. En 1826 et en 1827, elle rendit deux arrêts, sous la présidence de M. Henryon de Pansey, dans lesquels elle faisait revivre la très-ancienne dénonciation. Sa doctrine se résumait ainsi : La dénonciation ne pouvait être intentée qu'autant que les travaux étaient encore en cours d'exécution ; s'ils étaient terminés, le juge de paix était incompétent ; la seule voie ouverte était la voie pétitoire. Il fallait, en outre, que l'auteur du nouvel œuvre l'eût fait exécuter sur son propre fonds, de sorte qu'ils nuisissent à un droit de servitude appartenant à autrui. Enfin le juge de paix ne pouvait qu'ordonner la suspension des travaux exécutés avant la demande ; le juge du pétitoire seul pouvait en ordonner la destruction.

A partir de 1833, elle est revenue à sa première jurisprudence, et a de nouveau confondu la dénonciation et la complainte, a donné au juge de paix plénitude de juridiction, que les travaux fussent commencés ou terminés, qu'ils fussent effectués sur le fonds de celui qui les fait exécuter ou sur le fonds d'autrui.

L'art. 6 de la loi de 1838 a consacré cette jurisprudence nouvelle en rangeant la dénonciation au nombre des actions possessoires.

Mais on peut encore se demander si le juge de paix doit se borner à ordonner la suspension des travaux, s'il peut, au contraire, ou s'il doit en ordonner la destruction. Il est, en effet, des auteurs qui, malgré l'autorité de la cour suprême, ont continué à soutenir que si l'action a été exercée avant la fin de l'ouvrage, son effet doit se borner à en faire défendre la continuation jusqu'au jugement au pétitoire ; qu'autoriser, dans ce cas, le juge de paix à faire détruire des ouvrages commencés, et *a fortiori* des ouvrages terminés, ce serait l'investir d'un pouvoir exorbitant qui n'est ni dans la lettre ni dans l'esprit des lois nouvelles (Carou, *Act. possess.*, n° 60). — D'après MM. Belime et Dalloz qui approuve son opinion (v° *Act. possess.*, n° 164), il y aurait encore à distinguer entre le cas où l'auteur du trouble aurait fait les travaux sur le fonds d'autrui et celui où, faits sur son propre fonds, ces travaux porteraient atteinte aux droits de l'adversaire. Dans ce dernier cas, le juge de paix pourrait ne pas ordonner la destruction des travaux, s'il avait la certitude que celui qui a fait la construction avait le droit de la faire. Cette théorie est étrange ; non-seulement le juge de paix ne pourra pas exprimer cette certitude sans cumuler le possessoire et le pétitoire ; mais encore, si l'auteur des travaux s'en tient au possessoire, il faudra que le possesseur annal prenne l'initiative du pétitoire. « C'est à de telles conséquences qu'on » arrive, dit M. Bourbeau, quand on veut tran- » siger avec les principes. L'action possessoire doit » donner au possesseur annal toutes les satisfactions » que lui donnerait l'action en revendication elle- » même, parce que le droit de possession est l'image » du droit de propriété, et que ses effets sont les » mêmes, quoique plus fragiles et moins durables. »

Ainsi donc, qu'il s'agisse de la dénonciation de nouvel œuvre ou de toute autre action possessoire, le juge de paix doit avoir plénitude de juridiction dans les limites du possessoire.

On est cependant d'accord pour décider que le juge de paix serait incompétent pour fixer la valeur des matériaux et le prix de la main-d'œuvre dans l'hypothèse réglée par l'art. 555 du Code civil, §§ 2 et 3.

De plus, s'agit-il de travaux servant au roulement d'une usine, l'administration ayant en cette matière des attributions spéciales, il y a lieu de distinguer, avec la jurisprudence, suivant que les travaux ont été exécutés avec ou sans autorisation. Dans le second cas, l'administration étant restée étrangère aux travaux, le juge de paix statue dans la plénitude de ses attributions ; dans le premier cas, au contraire, le juge de paix ne peut être saisi que d'une demande en dommages-intérêts ; il est absolument incompétent pour ordonner la suppression des travaux (Cass. 28 janv. 1845, D., 45, 1, 145 ; 19 août 1845, D., 45, 1, 401).

Enfin, en matière d'expropriation, si l'administration ou ses concessionnaires, sans remplir les formalités de la loi de 1841, ou même avant le paiement de l'indemnité, s'emparent d'un immeuble, le propriétaire lésé pourra se pourvoir devant le juge de paix pour obtenir des dommages-intérêts et faire ordonner la discontinuation des travaux (Aucoc, t. II, n° 834). Mais le seul droit, dit M. Aucoc, que la jurisprudence ait persisté à ne pas reconnaître à l'autorité judiciaire, « c'est celui d'ordonner la destruction des travaux autorisés par l'administration. Assurément on peut dire que le respect dû au droit

de propriété exigerait, à la rigueur, que les travaux exécutés sur un terrain dont le propriétaire a été indûment dépossédé sans une indemnité préalable fussent détruits, de façon que les lieux pussent être mis dans leur état primitif; mais comme l'administration les rétablirait presque aussitôt, à la suite d'une expropriation régulière, cette application judaïque de la loi n'aboutirait qu'à imposer au Trésor public un sacrifice inutile. » La jurisprudence administrative s'est, en effet, fixée, par de nombreuses décisions du conseil d'État, dans le sens qu'indique M. Aucoc, et notamment par un décret du 9 mars 1870 (S., 7, 1, 2, 285) confirmant un arrêté de conflit. Dans cette affaire, le commissaire du gouvernement, M. Bayard, s'exprimait ainsi : « Sans
» doute, l'administration est gravement répréhen-
» sible de ne pas obéir à la loi ; mais, en définitive,
» la conséquence des actes irréguliers qu'elle com-
» met est de causer un préjudice, de faire souffrir
» un dommage. Or, de ce préjudice, de ce dom-
» mage, l'autorité judiciaire peut indemniser le pro-
» priétaire; car, pouvant ordonner la restitution de
» l'immeuble, elle peut allouer une indemnité en
» cas de dommage ; pouvant suspendre les travaux,
» elle peut, s'ils ont été préjudiciables, prononcer
» une réparation pécuniaire. En reconnaissant à
» l'autorité judiciaire le pouvoir d'ordonner la des-
» truction des ouvrages, on aurait exposé l'admi-
» nistration à des dépenses sans profit... ; et, de
» plus, on aurait, sans avantage pour personne,
» jeté le désordre dans des services organisés dans
» un but d'utilité publique. »

La chambre civile de la cour de cassation a aussi jugé que l'autorité administrative peut seule ordonner la démolition de travaux publics (civ. Cass., 8 nov. 1864). Un arrêt de la chambre des requêtes a, au contraire, décidé que le juge de paix saisi d'une action en réintégrande est nécessairement compétent pour ordonner la suppression des travaux illégalement exécutés sur le terrain d'autrui par l'administration (req. 18 juin 1866 ; S., 66, 1, 365). Il est vrai que, par arrêté du 26 janvier 1869 (S., 69, 1, 206), elle est revenue sur sa première jurisprudence, et s'est ralliée à la chambre civile en décidant que celui qui, n'ayant sur un terrain que la possession d'une servitude de passage pour cause d'enclave, y a laissé commencer et terminer une construction d'utilité publique régulièrement autorisée, sans rien tenter auprès de l'autorité compétente pour obtenir la cessation, au moins provisoire, de ce travail, ne peut en faire ordonner la destruction par le juge du possessoire.

La jurisprudence judiciaire a donc varié sur ce point. La considération qui explique cette faveur accordée à l'administration et à ses concessionnaires, c'est que toujours les travaux sont exécutés en vue d'un service public, d'une utilité collective, dans l'intérêt de tous les citoyens, et que les intérêts lésés n'ont que peu à souffrir d'un dommage qui est immédiatement réparé par l'indemnité allouée par le juge de paix pour le préjudice éprouvé, d'une part, et par celle qui est payée, d'autre part, comme prix de la cession amiable ou judiciaire.

Il faut se garder de confondre la dénonciation de

nouvel œuvre, action possessoire, avec la demande incidente formée au pétitoire, et tendant à la suspension de travaux entrepris au cours de l'instance. Il est évident, en effet, que si ces travaux étaient de nature à compromettre gravement le droit qui sera peut-être reconnu à l'une des parties, le tribunal civil, ou même le président, pourrait en ordonner la suspension par un jugement provisoire ou une ordonnance de référé. Ces mesures, en effet, ne préjugent rien, pas même la question de possession. Mais il nous paraît non moins évident que le tribunal excéderait les limites de sa compétence s'il ordonnait la destruction des travaux autrement que par un jugement définitif; car, d'un côté, il préjugerait la question pendante, et, d'un autre côté, il ôterait par là à la partie qui a exécuté les travaux, le bénéfice d'une possession qui aurait peut-être été reconnue par le juge de paix.

§ IV. — *Actions tendant à la répression des entreprises commises dans l'année sur les cours d'eau servant à l'irrigation des propriétés et au mouvement des usines et moulins.*

L'art. 6, § 1, de la loi de 1838 défère aux juges de paix la connaissance des entreprises commises dans l'année sur les cours d'eau servant à l'irrigation des propriétés et au mouvement des usines et moulins. Jusque dans ces derniers temps, la doctrine et la jurisprudence avaient confondu les entreprises sur les cours d'eau avec les dénonciations de nouvel

œuvre, complainte et réintégrande. La confusion
était cependant contraire à l'économie de l'art. 6,
§ 1. Ce texte les sépare par l'agencement de sa
phrase et sa ponctuation.

Le législateur de 1838 ne met qu'une condition
à l'exercice des actions tendant à la répression des
entreprises sur les cours d'eau qui ont la destination
qu'il indique : c'est qu'elles soient soumises au juge
du possessoire dans l'année où s'est produit le
trouble. Il garde le silence sur les autres conditions
requises pour la recevabilité des actions possessoires
en général, notamment sur l'annalité. C'est qu'en
effet, ainsi que l'a jugé la cour de cassation, l'annalité
n'est pas requise; c'est qu'en effet le riverain troublé par une entreprise sur un cours d'eau ayant la
destination prévue par la loi a, dans l'année, une
action particulière par laquelle il peut, bien que
n'ayant pas la possession annale, obtenir un jugement au possessoire. Un arrêt de la cour de cassation, du 17 novembre 1857, a jugé que le fait
d'avoir détourné un cours d'eau au préjudice d'un
riverain inférieur constitue un simple trouble et ne
peut servir de base à une action en réintégrande, et
que, bien que l'action naissant d'un pareil trouble ait
été mal à propos qualifiée par les parties de réintégrande, le juge de paix n'en était pas moins compétent, soit en vertu de l'art. 6 de la loi de 1838 qui
lui attribue le jugement des entreprises sur les cours
d'eau, soit en vertu de l'art. 23 du Code de procédure
civile qui lui défère la connaissance des actions possessoires, alors d'ailleurs, *dans ce dernier cas*, que la
possession du demandeur était plus qu'annale. La

coür de cassâtion paraissait donc déjà, un peu con-
fusément encore il est vrai, entrevoir le principe.

Mais elle s'est formellement prononcée en ce sens
par arrêt du 19 novembre 1866 (S:, 67, 1, 32). Cet
arrêt décide que l'action intentée par un propriétaire
dont une eau courante traverse l'héritage, à l'effet de
faire condamner un riverain inférieur à des dommages-intérêts pour avoir, depuis moins d'un an,
renversé un barrage établi par le demandeur sur sa
propriété, et de faire statuer définitivement sur la
possession des eaux, n'est pas subordonnée à la
preuve de la possession annale du barrage. L'arrêt
porte « que cette action était bien une action possessoire; en ce sens qu'il s'agissait d'une entreprise
troublant le demandeur dans sa jouissance et com-
mise dans l'année ; mais que cette action était régie
par les règles qui lui sont propres, et qu'en présence d'un droit résultant de l'état même des lieux
et des dispositions de l'art. 644 du Code civil, il
n'y avait pas lieu de soumettre le demandeur à la
preuve d'une possession annale, comme en matière
de complainte. »

Ainsi donc, le riverain supérieur qui peut se re-
trancher derrière l'art. 644, qui lui confère le droit
de se servir des eaux à leur passage, n'a pas à alléguer une possession annale; elle résulte virtuellement de la loi. Dans l'espèce de 1866, le riverain
supérieur excipait d'un barrage établi depuis un
temps immémorial pour dériver les eaux, barrage
dont il avait la possession plus qu'annale; ainsi qu'il
offrait de l'établir. La cour décide que cette alléga-
tion d'une possession plus qu'annale et cette offre

de preuve étaient surabondantes et ne détruisaient pas la base de l'action, n'en n'altéraient pas le caractère et ne pouvaient la faire dégénérer en complainte.

Nous devons faire observer, toutefois, que le riverain supérieur aurait intérêt à exercer les actions possessoires ordinaires, si le droit ou plutôt la faculté qu'il tire de l'art. 644 était sérieusement contestée par le riverain inférieur. Il devrait alors prouver soit la spoliation, soit la possession annale des eaux.

La solution adoptée en 1866 par la cour suprême nous paraît être une saine application de cette règle générale, écrite dans l'art. 2232 du Code civil, d'après laquelle l'usage d'une simple faculté est impuissant pour fonder une possession utile à prescrire, comme aussi cette faculté elle-même ne peut se prescrire par le non-usage.

Nous approuvons l'interprétation donnée par la cour de cassation au § 1, art. 6, de la loi de 1838. Nous devons même ajouter qu'il serait à désirer qu'elle dégageât des liens trop étroits dans lesquels est encore enserrée la règle dont elle a fait une si judicieuse application ; car ce qui est vrai pour le coriverain, d'après l'art. 644, devrait être, suivant nous, généralisé et appliqué à tous les cas où une faculté légale est en jeu en matière possessoire. M. Bourbeau, que nous ne saurions citer trop souvent, tant sont lumineuses, profondes et vraies les idées qu'il a émises sur cette matière, a bien compris qu'il devait en être ainsi lorsqu'il a dit : « Si, me-
» nacée dans le libre exercice d'une faculté, une
» personne agit au possessoire contre l'auteur des
» obstacles qui gênent sa liberté, sa possession

» annale antérieure au trouble résultera suffisam-
» ment de ce que les faits de trouble commis par
» son adversaire ne remontent pas à plus d'une
» année. Il ne serait pas nécessaire que le deman-
» deur eût effectivement usé, dans l'année qui a
» précédé le trouble, de la faculté qui lui apparte-
» nait, cette faculté ne pouvant pas se perdre par
» le non-usage, tant que les choses sont demeurées
» dans un tel état que l'usage s'en pouvait complé-
» tement exercer. La possession, c'est la faculté
» elle-même, non pas seulement à l'état métaphysi-
» que, mais pouvant se traduire par des faits dans
» l'ordre matériel » (n° 310).

Ne pourrait-on pas même aller plus loin et dire
que tout droit qui repose sur une prescription légale,
sur un texte de loi, n'a pas besoin, au possessoire,
d'être étayé de la possession annale ? Nous le
pensons. Prenons des exemples : la loi défend
d'ouvrir des vues directes à une distance moindre
de deux mètres de l'héritage voisin, de planter des
arbres ou des haies, ou de faire certaines constructions, sans observer les distances et les précautions
qu'elle détermine. Si mon voisin viole ces pres-
criptions légales, je pourrai agir au possessoire dans
l'année sans être tenu de justifier moi-même de ma
possession annale. Ma possession, en effet, résulte
de ma qualité de propriétaire et de la loi. En possédant le fonds, j'ai possédé les immunités légales,
protectrices de la propriété, de même que j'aurai
possédé, ainsi que nous le disait il y a quelques
instants M. Bourbeau, les facultés qui sont inhérentes au droit du propriétaire, sans qu'il me soit

nécessaire d'avoir une possession particulière que signale leur exercice.

Les recueils de jurisprudence ne révèlent l'existence d'aucun arrêt rendu dans ce sens. Mais dût-on, en dehors de l'application du § 1 de l'art. 6 de la loi de 1838, introduire une exception à la règle de l'annalité en faveur des cas que nous venons de mentionner, qu'elle nous paraîtrait justifiée par l'esprit de notre législation. Si, en l'absence d'un texte précis, l'autorité judiciaire croit devoir hésiter à entrer dans cette voie, le futur législateur, appelé à réviser le Code de procédure, fera œuvre de raison en consacrant ce point par un texte spécial.

CUMUL

DU POSSESSOIRE ET DU PÉTITOIRE.

Nous venons d'examiner aussi brièvement que possible les règles les plus essentielles auxquelles sont subordonnées les actions possessoires admises dans la législation française ; nous pouvons dès lors en tirer la conséquence générale que leur objet se borne à faire respecter la possession réunissant des caractères qui varient avec l'action qui est mise en mouvement.

L'action pétitoire, au contraire, est celle qui, au lieu de s'appuyer sur la possession, a pour fondement un titre conventionnel ou légal ou l'acquisition par prescription, et tend à faire reconnaître et sanctionner un attribut quelconque du droit de propriété.

Ainsi donc, pour triompher dans l'action pétitoire, il faut non-seulement alléguer, mais encore établir qu'on est propriétaire de la chose qui fait l'objet de l'action ; tandis que pour triompher au possessoire, il suffit d'alléguer et de prouver non pas qu'on est propriétaire, preuve si difficile à faire que les commentateurs du moyen âge l'appelaient *diabolique (diabo-*

lica probatio), mais d'alléguer et de prouver qu'on a possédé cette chose pendant le temps et dans les conditions déterminés par la loi, et qu'en conséquence, on a droit d'en conserver ou obtenir la détention physique jusqu'à ce que la propriété ait été jugée appartenir à un autre.

Dans la législation romaine, l'action pétitoire n'était pas exclusive du possessoire. Les interdits possessoires pouvaient être émis, ainsi que nous l'avons vu, en faveur de ceux qui avaient exercé la demande en revendication : *Nihil commune habet proprietas cum possessione, et ideo non denegatur ei interdictum uti possidetis, qui cœpit rem vindicare ; non enim videtur possessioni renuntiasse qui rem vindicavit* (Ulp., l. 12, § 1, *de adq. vel amitt. poss.*, l. 42, t. 11). Le droit canonique avait accepté sur ce point la législation romaine sans y apporter de modifications.

C'est à l'ordonnance du 28 octobre 1446 que nous devons le principe de la prohibition du cumul. L'article 72 disposait : « Il est défendu à tous gens de » justice de conduire le pétitoire et le possessoire, en » matière de nouvelleté, ensemble. » Toutefois cette disposition semblait ne prohiber que leur réunion dans une même procédure et permettre d'en faire l'objet de deux instances séparées, conduites parallèlement. L'ordonnance de 1535 fut plus explicite. Elle voulut que le jugement au possessoire dût non-seulement précéder l'instance pétitoire, mais encore être exécuté avant que la partie condamnée ne soulevât la question de propriété : « La partie qui sera » déchue du possessoire ne sera reçue à intenter le » pétitoire que préalablement elle n'ait payé et satis-

» fait les fruits et dépens auxquels elle aurait été con-
» damnée à cause dudit possessoire. »

Vint ensuite l'ordonnance de 1667 qui posa dans ses articles 4 et 5, t. XVIII, les règles que notre législateur de 1806 lui a empruntées presque textuellement.

Mais, dans ces différentes législations, la connaissance du possessoire et du pétitoire était attribuée aux mêmes juges. La loi des 16-24 août a séparé d'une manière plus radicale encore le possessoire du pétitoire en déférant l'un au juge de paix, seul compétent pour en connaître en première instance, l'autre au tribunal du domicile, juge ordinaire du premier degré. La diversité des juridictions appelées à connaître de ces deux genres d'actions a dès lors imprimé à la prohibition le caractère d'une règle d'ordre public contre laquelle la volonté des parties ne saurait prévaloir, se manifestât-elle par une prorogation expresse.

Enfin, les articles 25, 26 et 27 du Code de procédure civile ont consacré à nouveau et d'une manière définitive le principe, en proclamant que :

Art. 25. — Le possessoire et le pétitoire ne seront jamais cumulés.

Art. 26. — Le demandeur au pétitoire ne sera plus recevable à agir au possessoire.

Art. 27. — Le défendeur au possessoire ne pourra se pourvoir au pétitoire qu'après que l'instance sur le possessoire aura été terminée ; il ne pourra, s'il a succombé, se pourvoir qu'après qu'il aura pleinement satisfait aux condamnations prononcées contre lui. — Si néanmoins la partie qui les a obtenues était

en retard de les faire liquider, le juge du pétitoire
pourra fixer, pour cette liquidation, un délai après
lequel l'action au pétitoire sera reçue.

De l'ensemble de ces textes il résulte que le cumul
doit être envisagé à deux aspects. A un premier
aspect, cette règle a pour objet d'établir, dans l'intérêt des parties, la préséance du possessoire sur le
pétitoire. A un second point de vue, elle se rattache à
la compétence du juge, qui ne peut, sans excès de
pouvoir, résoudre les questions de propriété qui sem-
bleraient en apparence se rattacher à la question du
possessoire.

Nous ne nous dissimulons pas la gravité d'un
semblable sujet, et nous n'avons pas la sotte prétention de vouloir faire la lumière sur les difficultés encore si nombreuses que rencontre dans la pratique
l'application de la règle prohibitive du cumul. Le
savoir nous fait défaut, et nous avons besoin d'acquérir l'expérience qui permet parfois aux juristes
érudits d'apporter leur tribut à la science du droit.
Aussi voulons-nous nous borner à dégager de la doctrine et de la jurisprudence la plus récente les notions
les moins discutables et les plus pratiques sur cette
grave matière.

La prohibition du cumul s'adressant aux parties,
d'une part, et, d'autre part, au juge du possessoire,
nous l'examinerons successivement à ces deux points
de vue.

CHAPITRE I.

IL EST DÉFENDU AUX PARTIES DE CUMULER LE POSSESSOIRE ET LE PÉTITOIRE.

La prohibition du cumul imposée aux parties résulte des art. 26 et 27. Le premier prévoit le cumul par le demandeur; le second par le défendeur. Occupons-nous d'abord du cumul par le demandeur.

§ I. — *Cumul par le demandeur.*

L'art. 26 veut que le demandeur au pétitoire ne puisse plus revenir au possessoire. Prenons un exemple, pour rendre cette règle plus sensible : Primus, détenteur de l'immeuble A, violemment expulsé par Secundus, intente une action au pétitoire. Au lieu de saisir le juge de paix de la question de réintégrande, il vient porter directement devant le tribunal la question de revendication. Sans aucun doute, il fait fausse marche, en ce sens qu'au lieu d'une action fort simple dont le résultat était certain, puisqu'il lui suffisait de prouver une détention matérielle, comme le veut la cour de cassation, il prend à sa charge une action difficile, une preuve compliquée, la preuve de la propriété.

Quelle que soit sa faute, la voie du pétitoire et celle du possessoire lui étant également ouvertes, et ayant opté pour le pétitoire, il a renoncé au possessoire, nous dit l'art. 26.

La raison d'être de cette règle est facile à comprendre : ou bien, en effet, l'instance sur la propriété est terminée ; alors la question du possessoire a perdu son utilité : il n'y a plus à rechercher la présomption de propriété, puisque la preuve en est acquise; ou bien l'instance pétitoire est encore pendante ; Primus, s'étant constitué demandeur, ayant pris sur lui le fardeau de la preuve, a reconnu implicitement que Secundus est le véritable possesseur de l'immeuble A. En effet, l'intérêt capital de l'action possessoire, ainsi que nous l'avons dit, c'est de donner à celui qui triomphera l'avantage du rôle de défendeur dans le procès pétitoire qui pourra s'élever plus tard. Or, renoncer d'avance à ce rôle de défendeur, en laisser le profit à son adversaire, se constituer soi-même demandeur au pétitoire, c'est abdiquer tacitement l'action possessoire. On présume donc, de la part de celui qui agit au pétitoire, la renonciation à l'action possessoire, qui dès lors devient non recevable.

Il en serait de même si Primus, dans l'espèce posée, après avoir agi au possessoire, portait, avant la décision du juge de paix, une demande en revendication de l'immeuble A devant le tribunal. Par le fait seul de son action pétitoire intentée pendant l'instance au possessoire, Primus renoncerait à poursuivre son action possessoire et élèverait contre lui la fin de non-recevoir de l'art. 26.

L'exception tirée, contre une action possessoire, de ce que le demandeur se serait déjà pourvu au pétitoire, constitue, en effet, non une exception d'incompétence, mais une fin de non-recevoir absolue, péremptoire, ainsi que l'a jugé la cour de cassation le 15 nov. 1865 (S., 66, 1, 97).

Cependant, si le demandeur au pétitoire parvenait à rompre le quasi-contrat judiciaire qui s'est formé entre lui et le défendeur en faisant accepter par ce dernier un désistement, les choses étant remises dans le même état qu'avant la demande, le terrain judiciaire redeviendrait libre pour l'instance posses- soire. Il en serait de même si la demande était éteinte et annulée du consentement mutuel des par- ties (Cass., 24 mars 1868; S., 68, 1, 360).

Mais, en admettant que le désistement signifié par le demandeur de l'action pétitoire par lui primitive- ment intentée ait pour effet, lorsqu'il a été accepté, de faire revivre en sa faveur le droit de se pourvoir au possessoire, cet effet ne saurait se produire quand le désistement a été formellement refusé par le dé- fendeur et que le jugement qui en a donné acte au de- mandeur a également donné acte au défendeur de ses réserves (Cass., 15 nov. 1865; S., 66, 1, 97).

Le désistement peut, en cas de refus d'acceptation de la part du défendeur, être déclaré valable par le juge. La déclaration de validité produit-elle, en ce qui concerne le possessoire, le même effet que l'ac- ceptation? Oui, si le désistement intervient avant que l'instance soit liée avec le défendeur (req. 18 juillet 1859; S., 60, 1, 779). Non, si le défendeur a consti- tué avoué; car, dès ce moment, il a un droit acquis à se prévaloir de l'art. 26; or nul ne peut être privé d'un droit acquis que de son consentement.

La demande en conciliation n'est pas un obstacle à la recevabilité de l'action possessoire. Cette cita-

tion n'implique pas, en effet, ainsi que l'enseigne
M. Bourbeau, la reconnaissance de la possession du
défendeur, parce qu'elle n'engage pas le procès et
n'attribue dès lors à la partie citée ni la position d'un
défendeur, ni les avantages qui en dérivent. N'y aurait-il pas lieu toutefois de distinguer, suivant que
cette citation est ou n'est pas suivie d'ajournement
dans le mois à dater du procès-verbal de non-conci-
liation? Suivie d'ajournement dans le mois, elle interrompt la prescription et fait courir les intérêts, en u.
mot produit tous les effets attachés à la demande en
justice. Pourquoi dès lors ne pas considérer l'instance ouverte à partir de la citation? La cour de cassation a semblé le décider ainsi le 24 mars 1868 (S.,
68, 1, 360). Elle a jugé que l'art. 26 est inapplicable
au cas où il y a eu une simple citation en conciliation
à fin de bornage non suivie de la demande dans le
délai de l'art. 57 du Code de procédure civile. N'é-
tait-ce pas dire virtuellement que la citation suivie
d'ajournement dans le mois tomberait sous l'application de l'art. 26? Quoi qu'il en soit, nous ne saurions admettre une semblable solution, qui serait contraire au texte même des art. 26 et 57 combinés.
Pourvu que la *demande* soit formée dans le mois, dit
l'art. 57. De plus, l'art. 26 ne peut s'entendre que du
demandeur qui a réellement saisi par ajournement le
juge du pétitoire. Par conséquent, dans l'intervalle
de la citation à l'ajournement, le juge du possessoire peut être valablement saisi.

De même, le jugement du tribunal correctionnel ou
du tribunal de simple police qui, sur l'exception préjudicielle soulevée par le prévenu, renvoie, par ap-

plication de l'art. 182 du Code forestier, les parties à fins civiles, n'est pas un obstacle à ce que l'une ou l'autre des parties se pourvoie au possessoire afin de rejeter sur son adversaire le fardeau du pétitoire; le possessoire, en effet, aussi bien que le pétitoire remplissent le but de l'exception préjudicielle (Crim., cass., 22 mai 1863 ; S., 63, 1, 455).

Il est cependant des cas où le demandeur au pétitoire peut agir au possessoire quoique le tribunal soit déjà saisi de la question de propriété. Ainsi, troublé dans sa possession de l'immeuble A, Primus a saisi les juges du pétitoire au lieu d'agir par la voie de la complainte ; mais, pendant l'instance, il vient à subir une dépossession violente : doit-il rester dépouillé parce qu'il a saisi le tribunal de la question de propriété? Évidemment non : il aura le droit d'intenter la réintégrande. « Appliquer à ce cas, dit Merlin, la défense de cumuler les deux actions et d'exercer l'une avant que l'autre soit définitivement jugée, ce serait lui donner un sens aussi absurde qu'inique. » — « Ce serait, comme le fait observer Henryon de Pansey, faire appel à la violence et à la fraude. »

Si le trouble nouveau subi par Primus n'avait pas le même objet que celui qui a donné lieu à son action pétitoire, une demande possessoire pourrait aussi être intentée durant l'instance pétitoire. C'est ce qu'a jugé la cour de cassation, le 17 avril 1837 (D., 37, 1, 299), dans une espèce où l'instance pétitoire avait pour objet de faire disparaître des embarras entravant la viabilité d'un passage. Le défendeur, pendant l'instance pétitoire, avait intercepté totalement le chemin, prétendant s'attribuer exclusivement la propriété

du sol. L'instance possessoire, en raison de la différence d'objets des deux actions, fut jugée recevable.

Et, dans les deux cas que nous venons d'examiner,
la demande ne pourrait être soumise aux juges saisis
du pétitoire sous forme de conclusions addition-
nelles ; car l'incompétence du tribunal, en matière
possessoire, est aussi absolue que celle du juge de
paix au pétitoire, et la prohibition du cumul est applicable à l'un comme à l'autre. Henryon de Pansey
professait une opinion contraire. « Toute voie de fait
pendant le litige, dit-il, est un attentat à l'autorité du
juge saisi de la contestation, et c'est à lui seul qu'il
appartient de venger les injures qui lui sont faites.
S'il en était autrement, il y aurait dans deux tribunaux différents deux procès pour le même objet, ce
qui choquerait les règles de l'ordre judiciaire ; et peu
importe que le procès soit pendant devant un tribunal ou devant une cour » (chap. 54). Cet'e opinion,
qui est contraire à la prohibition du cumul et à la
règle de compétence en matière possessoire, n'a pas
trouvé d'adhérents.

§ II. — *Cumul par le défendeur.*

Occupons-nous d'abord du défendeur au pétitoire.

Le défendeur au pétitoire, en sa qualité de défendeur, est nanti de la possession de l'immeuble reven-
diqué. Si cette possession vient à lui être enlevée
violemment, ou s'il éprouve quelque trouble de nature

7

à entraver sa jouissance, nul doute qu'il puisse agir, soit par la voie de la complainte, soit par la voie de la *réintégrande*. La jurisprudence nous a paru constante sur ce point. Ce que nous avons dit précédemment au sujet du demandeur au pétitoire doit donc également trouver ici sa place. En définitive, le défendeur comme le demandeur au pétitoire, une fois le tribunal saisi, doivent respecter le *statu quo* jusqu'après la décision des juges. La position qu'avaient respectivement les parties doit rester la même pendant toute la durée de l'instance, et toute atteinte à l'une ou à l'autre de ces positions motiverait l'introduction de l'action possessoire, sans qu'il fût possible à l'auteur du trouble ou de la dépossession de se prévaloir de l'art. 26. De plus, le juge de paix, comme précédemment, serait seul compétent pour connaître de l'action possessoire.

Le défendeur au pétitoire pourrait même intenter l'action possessoire pour trouble commis par son adversaire avant le procès. Dès l'instant du trouble, il avait un droit acquis, dont n'a pu le priver le fait de son adversaire d'agir au pétitoire. S'il en eut été autrement, on aurait souvent vu un spoliateur, après s'être emparé d'un immeuble, se hâter de former une demande pétitoire dans le but de conserver, pendant la durée de cette instance, les avantages de la possession usurpée.

La position du défendeur au possessoire est réglementée par l'art. 27, qui, ainsi que nous l'avons vu, crée deux fins de non-recevoir tirées du possessoire contre l'action pétitoire :

1° « Le défendeur au possessoire ne pourra se

pourvoir au pétitoire qu'après que l'instance sur le possessoire aura été terminée ; »

2° « Le défendeur au possessoire ne pourra, s'il a succombé, se pourvoir au pétitoire qu'après qu'il aura pleinement satisfait aux condamnations prononcées contre lui. »

La première fin de non-recevoir est l'application de la maxime édictée par l'art. 25 : « Le possessoire et le pétitoire ne seront jamais cumulés. »

Nous venons de voir quelle était, pour le possesseur troublé ou expulsé, la conséquence d'une revendication : qu'arrivera-t-il si c'est l'auteur du trouble ou de la spoliation qui prétend agir ?

Reprenons, en intervertissant les rôles, l'espèce précédemment posée : Primus a intenté contre Secundus, au sujet de l'immeuble A, une action possessoire ; de son côté, Secundus, défendeur devant le juge du possessoire, a porté devant les juges du pétitoire une action en revendication de ce même immeuble : quel sera le sort de cette dernière action ? Elle ne sera certainement pas recevable. Primus ne se présentera devant les juges du pétitoire que pour y opposer la fin de non-recevoir de l'art. 27, § 1. Il pourra dire à Secundus : Vous revendiquez l'immeuble A qui fait l'objet de mon action possessoire ; mais, avant d'examiner si vous êtes vraiment propriétaire, il faut commencer par remettre les choses dans l'état où elles étaient avant les faits qui ont motivé mon action. Ce langage triomphera, et Secundus sera de nouveau renvoyé devant le juge de paix, pour s'y défendre contre l'action possessoire. C'est là une différence importante à signaler entre les conséquences du cumul, suivant qu'il se produit par le fait du demandeur ou par celui du défendeur au possessoire. Le demandeur, en agissant au pétitoire, renonce à exercer l'action possessoire, aux termes de l'art. 26. Le défendeur au possessoire, au contraire, qui soulève la question de propriété avant le jugement de l'instance possessoire, ne renonce pas à se défendre au possessoire ; sa revendication est déclarée non recevable, mais il peut immédiatement revenir devant le juge du possessoire et contester, s'il s'y croit fondé, la possession du demandeur.

L'action pétitoire que le défendeur au possessoire vient à former pendant l'instance possessoire est donc sans influence sur cette instance, et, dès lors, le juge du possessoire ne saurait être tenu, en pareil cas, de surseoir à statuer jusqu'à ce qu'il ait été prononcé sur l'action pétitoire. L'instance possessoire doit se continuer et être mise à fin entre les parties, d'après les errements qui lui sont propres, et comme si aucune demande pétitoire n'avait été formée (civ. cass. 19 déc. 1859, S., 60, 1, 151 ; civ. rej. 9 juin 1869, S., 69, 1, 412). Et si le défendeur au possessoire ne peut enlever au demandeur le bénéfice de son action en agissant lui-même au pétitoire, à plus forte raison ne le peut-il pas en excipant devant le juge de paix d'une exception de propriété. Le juge de paix doit, sans s'arrêter à cette exception, maintenir le demandeur dans sa possession qui a été injustement troublée (trib. d'Angers, 6 déc. 1869 ; *Annales des J. de P.*, 70, p. 129).

La seconde fin de non-recevoir est une exception au droit commun. D'après les principes généraux de

notre législation, la partie qui a succombé est tenue
d'acquitter cette première condamnation en principal
et en frais ; mais cette obligation ne l'empêche nullement d'intenter pour un objet distinct une nouvelle
action contre le même adversaire. Ici , au contraire,
la voie judiciaire est fermée au défendeur au possessoire tant qu'il n'a pas exécuté dans toutes ses parties
la sentence prononcée contre lui. Sur ce principe
de droit pur, le législateur fait prévaloir la grande
maxime : *Spoliatus ante omnia restituendus*, et, probablement aussi, la présomption de propriété qui résulte
du jugement possessoire.

Le texte n'impose cette obligation qu'au défendeur
qui succombe. L'ordonnance de 1535 contenait une
règle plus générale ; elle disposait « que la partie
» qui serait déchue du possessoire ne serait reçue à
» intenter le pétitoire que préalablement elle n'eût
» payé ou satisfait les fruits et dépens auxquels elle
» aurait été condamnée à cause dudit possessoire. »
L'art. 4 du titre xviii de l'ordonnance de 1667 était
conçu dans le même sens : « Celui contre lequel la
» complainte ou réintégrande sera jugée ne pourra
» former la demande au pétitoire, sinon après que le
» trouble sera cessé, et celui qui aura été dépossédé
» rétabli en la possession, avec restitution des fruits
» et revenus, et payé les dépens, dommages et inté-
» rêts, si aucuns ont été adjugés. » Cette différence
entre la législation actuelle et celle des ordonnances
tient aux principes nouveaux admis aujourd'hui en
matière possessoire. Dans notre ancienne jurisprudence, l'action possessoire supposait une double prétention de laquelle résultait pour chacune des parties

le rôle de demandeur et de défendeur. Pothier (n° 85, *de la Possess.*) explique cet état dans les termes suivants : « Le terme de complainte convient d'une ma-
» nière particulière au cas pour lequel cette action
» est intentée ; car chacune des parties s'y plaint ré-
» ciproquement du trouble apporté par l'autre à la
» possession que chacune d'elles prétend avoir de
» l'héritage dont elles se contestent la possession. »
Celui qui succombait était donc toujours un défendeur dans ses rapports avec son adversaire.

Aujourd'hui, il faut résoudre la question par une distinction. Le demandeur, après le jugement de l'instance possessoire, pourra se pourvoir au pétitoire, quoique n'ayant pas acquitté les condamnations prononcées contre lui, s'il n'a été condamné que comme demandeur et pour avoir intenté une action sans fondement ; mais s'il a été condamné comme défendeur à une demande reconventionnelle intentée par le défendeur originaire et que ce dernier ait fait reconnaître sa possession annale et s'y soit fait maintenir, il doit être considéré comme un défendeur dans le sens de l'art. 27, et soumis à l'obligation édictée par ce texte (Bourbeau, n° 412 ; Dall., *Rép.*, v° *Act. possess.*, n° 817 ; Bioche, n° 1001 et suiv.).

L'obligation imposée au défendeur au possessoire par l'art. 27 § 2 devrait-elle atteindre le demandeur et le défendeur au pétitoire qui, pendant l'instance, ont été condamnés, soit par trouble, soit par spoliation, par le juge du possessoire ? Nul doute qu'il en soit ainsi. La loi veut que la possession soit respectée. Or, elle ne le serait pas si, dans l'espèce, on refusait d'appliquer à l'auteur du trouble la fin de non rece-

voir de l'art. 27 § 2. Il n'y a pas de raison de distinguer entre le trouble commis avant l'introduction
de l'instance pétitoire et celui commis depuis : *ubi
eadem ratio, ibi idem jus.* « On objecterait vainement,
» dit M. Bourbeau, que la loi a seulement interdit au
» défendeur condamné de se pourvoir avant l'exécu-
» tion de la sentence possessoire. La loi a prévu
» l'hypothèse la plus fréquente, celle de l'instance
» possessoire précédant l'instance pétitoire ; mais
» si cette dernière avait précédé l'autre, le motif qui
» interdit de se pourvoir interdirait également de
» reprendre ou de poursuivre l'instance pétitoire,
» tant qu'il n'aurait pas été satisfait aux condamna-
» tions prononcées par le juge de paix » (Bourbeau,
n° 413 ; Dall., v° *Act. possess.*, n° 819 ; Bioche,
n°ˢ 1006 et 1017).

La condamnation doit être exécutée dans les
termes mêmes où elle a été prononcée ; ainsi, elle ne
saurait être remplacée ni par l'offre d'une caution, ni
par une cession de biens (Bioche, n° 1011), ni par
des offres réelles même suivies de consignation tant
que cette consignation n'a pas été acceptée par le
créancier ou n'a pas été validée par un jugement
passé en force de chose jugée (arg. tiré des art. 1261-
62). Le tribunal d'Agen, par jugement du 10 mars
1866 (S., 67, 2, 121), a cependant décidé le contraire. Mais ce jugement est justement critiqué par
les arrêtistes de Sirey, qui persistent à penser qu'il
n'y a satisfaction pleine et entière, selon le vœu de
l'art. 27, que dans le paiement effectif et entièrement
libératoire des dommages-intérêts alloués et des dépens liquidés. C'est également la solution donnée par

les auteurs du *Journal des avoués* (1867, art. 996).
Si le défendeur, après avoir payé les frais de l'instance possessoire et rétabli les lieux dans leur état
primitif, recommençait des actes de même nature que
ceux à raison desquels il a encouru sa condamnation,
devrait-il être considéré comme ayant satisfait aux
condamnations prononcées contre lui? Non, répond
la jurisprudence (Bourges, 22 janv. 1839, D., 39,
2, 244; civ. cass., 25 août 1852, S., 52, 1, 810).

Mais l'exception tirée de la non-exécution des condamnations prononcées contre le défendeur n'est pas
absolue, péremptoire, comme celles tirées des articles 26 et 27 § 1; elle est simplement dilatoire. Elle
ne saurait donc avoir pour effet de détruire l'action
portée au pétitoire, mais seulement d'en faire différer
l'exercice jusqu'à l'entière exécution du jugement
possessoire : c'est ce qu'a décidé la cour de Riom,
le 3 décembre 1873 (S., 74, 2, 87), dans une espèce
où les condamnations au possessoire avaient été exé-
cutées après l'introduction de l'instance pétitoire.
Si ce n'est dès lors qu'une exception dilatoire, la
défense au fond rendrait donc le défendeur non recevable à s'en prévaloir. Il paraît que la jurisprudence
belge s'est, au contraire, prononcée en ce sens que
la partie attaquée au pétitoire est encore à temps pour
proposer la deuxième fin de non-recevoir de l'art. 27,
après qu'elle a pris des conclusions au fond. M. Wodon, auteur belge, dont l'ouvrage sur la possession
est, au dire des critiques, plus volumineux que juridique, approuve cette jurisprudence. « La disposi-
» tion de l'art. 27 renferme, dit-il, un statut d'ordre
» public. » La jurisprudence belge rattache la seconde

fin de non-recevoir de l'art. 27 à la règle de l'art. 25.
Ce nous paraît être une erreur. Le § 2 de l'art. 27 n'a
rien à faire avec l'art. 25. Si le défendeur au possessoire ne peut se pourvoir au pétitoire qu'après avoir
exécuté les condamnations prononcées contre lui par
le juge du possessoire, ce n'est pas parce qu'il y a à
craindre le cumul du pétitoire et du possessoire. Le
possessoire est réglé, la sentence est prononcée; dès
lors le choc des deux actions ne pourra plus se produire. Ce n'est donc pas par crainte du cumul, mais
bien pour les raisons que nous avons exposées, que le
défendeur doit préalablement exécuter le jugement
au possessoire. Si donc le cumul est écarté, ↑ fin de
non-recevoir du § 2 de l'art. 27 reste soumise aux
règles du droit commun, et notamment à l'art. 1030
du Code de procédure (Léligeois, v° *Pétitoire*, n°ˢ 10
et 15).

L'obligation imposée au défendeur au possessoire
qui veut agir au pétitoire, dont nous venons d'examiner le sens et l'étendue, avait besoin d'être limitée
pour ne pas devenir à son tour une cause d'injustice.
Supposons que Primus, ayant triomphé au possessoire contre Secundus, et ayant obtenu contre lui des
condamnations non encore acquittées, laisse traîner
en longueur la liquidation de ces condamnations. Il
aura intérêt à agir ainsi s'il n'est pas dans des conditions à soutenir la lutte au pétitoire; possesseur
légal, il aura beaucoup de tendances à ne rien faire.
Secundus va-t-il rester désarmé? L'inertie du vainqueur pourra-t-elle paralyser indéfiniment l'ardeur
du vaincu? Il y aurait injustice à ce qu'il en fût ainsi;
aussi l'art. 27, *in fine*, permet au défendeur de faire

fixer par le juge du pétitoire un délai pour cette liquidation, passé lequel l'action au pétitoire sera reçue. Cette liquidation sera faite par le juge de paix, auquel il appartient de compléter son jugement.

CHAPITRE II.

IL EST DÉFENDU AU JUGE DE CUMULER LE POSSESSOIRE ET LE PÉTITOIRE.

C'est surtout au juge de paix que s'adresse la prohibition du cumul. C'est aussi, il faut bien le dire, l'écueil au pied duquel viennent échouer ceux qui n'ont pas fait une étude approfondie de cette délicate partie de leurs attributions. Il ne suffit pas, en effet, au juge de paix, pour concilier, en matière de cumul, l'autorité qu'il a le droit d'exercer et les prohibitions qu'il doit respecter, d'avoir de la science du droit et des affaires des notions vagues et superficielles. A cette question se rattachent de nombreux principes de droit dont la connaissance suppose un esprit familier avec l'ensemble de nos lois, et notamment avec les titres relatifs aux servitudes et à la prescription. Les servitudes et la prescription sont, en effet, les deux pivots autour desquels roulent toutes les difficultés auxquelles peut donner naissance la prohibition du cumul..

Le but du législateur, en admettant l'action possessoire, a été de permettre à celui qui est en possession d'un immeuble de se défendre, sans mettre son droit de propriété en discussion, contre les entreprises des tiers, et, dans ce but, de s'adresser à un juge spécial placé près des lieux litigieux et d'invoquer auprès de lui le simple fait de sa possession. Devant ce magistrat local et d'un ordre spécial, l'arme véritable, le titre nécessaire, c'est la possession. Le droit de propriété le mieux établi ne serait d'aucune valeur si la possession légale n'était prouvée; c'est là la véritable portée de cette maxime : *Le possessoire et le pétitoire ne peuvent être cumulés.*

Pour éviter toute confusion et donner à notre travail un ordre méthodique, nous le diviserons de la manière suivante : Après avoir exposé les divers cas de cumul, nous dirons quelques mots de la faculté pour le juge du possessoire de consulter et apprécier les titres produits. Nous passerons ensuite en revue les hypothèses nombreuses dans lesquelles il est de son devoir de les consulter et apprécier. Nous examinerons le cumul par suite de modifications apportées par le juge à l'état ancien des lieux, enfin le cumul par suite de demandes reconventionnelles.

SECTION PREMIÈRE.

DIVERS CAS DE CUMUL.

De la prohibition du cumul les jurisconsultes déduisent en général les deux règles suivantes :

1° Le juge du possessoire doit s'abstenir de rien statuer sur la propriété ;

2° Même en se bornant à statuer sur le possessoire, il ne doit pas fonder sa sentence sur des motifs tirés exclusivement du fond du droit[1]

M. le conseiller Rau, dans un remarquable rapport fait devant la chambre des requêtes, le 9 janvier 1872, résumait dans les termes suivants la jurisprudence de la chambre civile et de la chambre des requêtes : « Quant à la règle qui défend le cumul du » possessoire et du pétitoire, elle signifie deux » choses : la première, que le juge du possessoire ne » peut statuer sur la possession par des motifs exclu- » sivement tirés du fond du droit, sans constater, » en fait, l'existence ou la non-existence de la pos- » session, avec les caractères exigés par la loi ; la » seconde, qu'il ne doit pas préjuger le pétitoire par » le dispositif de son jugement, par exemple en » maintenant le demandeur dans sa possession tren- » tenaire et immémoriale. Mais le juge du posses- » soire peut, sans contrevenir à la défense du cumul, » se livrer à l'examen des titres et des documents » respectivement produits pour éclairer, comme on » dit, le possessoire, ou, en d'autres termes, pour » apprécier les caractères et l'efficacité juridique de » la possession. D'un autre côté, le cumul ne résulte » pas des motifs seuls du jugement, si d'ailleurs » le juge s'est, dans le dispositif, strictement ren- » fermé dans les limites du possessoire » (arrêt du 9 janvier 1872 ; S., 72, 1, 225).

Il n'y a pas antinomie entre ces deux proposi- tions : « 1° que le juge du possessoire ne peut statuer sur le possessoire par des motifs tirés exclusivement du fond du droit ; » 2° que « le cumul ne résulte pas des motifs seuls du jugement. » Le juge de paix peut, sans violer la loi, prendre en considération tel ou tel argument tiré du fond du droit ; mais le cumul existe

quand le dispositif, bien que statuant seulement sur
la possession, n'est justifié que par des raisons de
droit. Le juge de paix doit toujours s'expliquer sur
les faits de possession ; c'est seulement pour les caractériser qu'il peut consulter l. .itres et discuter les
questions de propriété et de servitude. Nous revien-
drons, du reste, sur ce point dans quelques instants.

En résumé, nous dirons qu'il y a cumul :

1° Lorsque le juge de paix statue à la fois sur la
propriété et sur la possession ou sur la propriété
seulement, quand même les motifs de son jugement
seraient exclusivement relatifs à la possession ;

2° Lorsqu'il ne statue sur la possession que par des
motifs tirés du fond du droit, ou mieux du pétitoire, sans s'expliquer sur les faits de possession ;

3° Lorsqu'il préjuge le pétitoire par le dispositif de
son jugement, en maintenant le demandeur dans sa
possession trentenaire et immémoriale.

Reprenons successivement chacune de ces propositions.

La première ne nous paraît pas avoir besoin de
démonstration. Il est évident que le juge du possessoire ne peut pas, sans fausser le but de son institu-
tion et sans empiéter sur les attributions des juges
du pétitoire, constater l'existence du droit de propriété. Statuerait-il à la fois sur la propriété et la possession, que le cumul n'en existerait pas moins.
Voudrait-il faire résulter le droit de possession du
droit de propriété reconnue, et prétendre que la
possession est une émanation de la propriété, qu'il
y aurait encore confusion des principes sur lesquels

reposent les actions possessoires. Il n'importe d'ailleurs, dans ces différents cas, que les motifs de la sentence soient exclusivement relatifs à la possession, puisque ce ne sont pas les motifs qui constituent la sentence, mais bien le dispositif. Le juge de paix doit se souvenir qu'il est juge de la possession, et que la propriété est pour lui l'arche sainte à laquelle il ne peut toucher sans excéder ses pouvoirs. Ce principe est aussi ancien que la prohibition elle-même; aussi est-il universellement admis en doctrine et en jurisprudence.

La seconde proposition présente dans la pratique plus de difficultés et demande quelques développements. Un juge de paix est saisi d'une complainte ou, plus généralement, d'une action possessoire; son premier devoir est de se demander quels sont les faits de possession : la possession est-elle certaine, incontestée ou prouvée? c'est là sa base et sa règle. Maintenant il peut arriver que, des faits de possession étant établis, leur caractère légal soit contesté ou inopérant au point de vue du droit. Ainsi, dans le cas d'une complainte, pour être maintenu en possession d'une servitude, c'est le devoir du juge de vérifier si, en droit, la servitude réclamée peut être l'objet d'une possession conforme aux dispositions de la loi. Il sera donc permis au juge du possessoire de rechercher quel est le caractère de la servitude, de consulter les titres et les dispositions de la loi pour déterminer ce caractère. Les appréciations, les études des titres sont autorisées, ainsi que nous le verrons, par une jurisprudence constante; mais elles ne sont qu'un préliminaire, qu'une sorte d'instruction reconnue nécessaire, et ne peuvent altérer dans son essence la compétence du juge de paix. Le caractère de la possession est-il reconnu ? Est-elle légale ? dès lors la compétence du juge du possessoire est établie. Or quand, dans ses motifs, un jugement n'a fait que discuter la question de propriété, quand il s'est borné à établir que le demandeur est propriétaire, que le défendeur ne peut pas, par des motifs de fait et de droit, être considéré comme propriétaire soit partiel, soit exclusif, et que dans son dispositif il déclare maintenir le demandeur en possession, sans s'expliquer sur les faits de possession qui seuls peuvent servir de base à l'action possessoire, il laisse sans motifs la décision sur la possession, et il cumule le pétitoire et le possessoire, puisqu'il s'appuie sur des motifs tirés exclusivement du droit du propriétaire pour reconnaître le droit du possesseur. Qu'importe que le dispositif ne prononce que sur le possessoire, si cette décision ne repose pas sur le fait établi de la possession ! Le juge de paix viole donc l'art. 25, lorsqu'à l'appui de sa sentence il donne uniquement des motifs rentrant dans le fond du droit, sans s'expliquer sur les faits de possession que le demandeur ne peut être dispensé d'articuler et de prouver. C'est là la jurisprudence, aujourd'hui certaine, de la cour de cassation (cass. 11 janv. 1865, S., 65, 1, 88; 16 juin 1868, S., 68, 1, 446; 11 déc. 1871, S., 72, 1, 28; 1er juill. 1872, S., 72, 1, 235; 7 janv. 1874, S., 74, 1, 255).

Le troisième cas de cumul est beaucoup plus rare. Il repose sur le même principe que les précédents. Il est toujours le résultat de l'oubli, de la part du juge, du possessoire, qu'il n'a à s'occuper que de la possession annale, de celle qui a précédé l'année du trouble. Peu doit lui importer que, dans les années précédentes, l'une ou l'autre des parties ait joui peu ou longtemps de l'immeuble litigieux ; peu doit lui importer que l'une d'elles ait eu, antérieurement à l'année du trouble, une possession trentenaire ou immémoriale : il n'a pas à s'en occuper. Cette possession doit rester étrangère aux débats et surtout à la décision, à moins de préjuger le pétitoire et de devenir un motif de réformation (cass. 14 juin 1869, S., 70, 1, 29; cass. 5 juin et 1er juill. 1872, S., 72, 1, 371; 72, 1, 235).

Il faut toutefois remarquer qu'il ne s'agit ici que du jugement définitif qui met fin à l'instance possessoire. Il ne saurait en être ainsi d'un jugement interlocutoire, qui ne préjuge rien quant à la question de propriété, et qui même ne lie pas le juge qui l'a rendu. C'est ce qu'a décidé la cour de cassation le 19 avril 1869. Elle a jugé qu'il n'y avait pas cumul dans un jugement qui autorise la preuve de la possession annale et immémoriale (S., 69, 1, 265). Cet arrêt a été bien rendu, car le pourvoi était fondé sur la violation de l'art. 25. Or cet article ne peut s'appliquer qu'au jugement définitif, l'interlocutoire ne liant pas le juge. Mais en eût-il été de même si l'on avait fondé le pourvoi sur la violation de l'art. 24? « L'enquête qui sera ordonnée ne pourra porter sur le fond du droit. » Or, une enquête dans laquelle on prouve sa possession immémoriale d'un fonds de terre porte-t-elle sur le fond du droit? Il nous semble bien que oui, puisqu'elle résout implicitement la question de propriété, qui a nécessairement été acquise par prescription.

SECTION II.

LE JUGE DE PAIX PEUT CONSULTER LES TITRES.

Le juge du possessoire a la faculté de consulter les titres produits, de les apprécier dans leur ensemble comme dans leurs détails, pourvu que cette étude ne soit faite qu'en vue de déterminer les caractères légaux de la possession. Cette proposition est aujourd'hui devenue un principe en jurisprudence, et il nous paraît superflu de citer les nombreux arrêts qui le consacrent. Ce n'est pas à dire pour cela que, dans l'application, ce principe ne soulève encore de graves difficultés, tant sont parfois indécises les limites auxquelles doit s'arrêter la juridiction du juge du possessoire. Pour se rendre un compte exact de l'esprit qui dirige la jurisprudence dans cette multiplicité d'arrêts qui tous posent le principe, il faut lire avec soin les espèces résolues; et c'est après avoir longuement médité tous les monuments de la jurisprudence sur cette matière, et comparé toutes les doctrines qui ont surgi, que nous sommes arrivé à cette conclusion, que la plupart des jugements soumis à la cour suprême n'avaient été cassés, en général, que pour oubli du principe posé par la jurisprudence, ou pour rédaction défectueuse. Aussi, au lieu de nous livrer à de longs développements et à des redites inévitables, nous

8

avons préféré, à titre de critérium, émettre les deux propositions suivantes :

1° Le juge du possessoire peut, à part les exceptions que nous signalerons ultérieurement, examiner, consulter, apprécier les titres produits par les parties ; mais il ne doit se livrer à ce travail préliminaire que pour rechercher les caractères de la possession.

2° Il doit avoir le soin, en rappelant dans les motifs de son jugement les titres produits, d'expliquer qu'il ne les a consultés, qu'il ne les a appréciés qu'en vue de la possession à caractériser, et de ne tirer de ces titres, dans les motifs et plus particulièrement dans le dispositif de son jugement, aucune induction relative au droit de propriété.

Mais le juge du possessoire, en consultant les titres produits, use, nous devons le rappeler, d'une faculté. Si donc il était suffisamment éclairé par l'état des lieux et les actes de possession accomplis antérieurement au trouble, il pourrait se dispenser d'examiner les titres (cass. 20 janv. 1863 ; S., 63, 1, 8). Par suite, ajoute un arrêt de cassation du 11 avril 1870 (S., 71, 1, 94), il n'a pas à donner de motifs particuliers sur le rejet des conclusions subsidiaires qui réclament l'examen de ces titres.

SECTION III.

LE JUGE DE PAIX DOIT CONSULTER LES TITRES.

Il est des cas où la faculté, pour le juge du possessoire, de consulter les titres devient une véritable
obligation, à laquelle il ne peut se soustraire sans
commettre un déni de justice. Ainsi cet examen est
indispensable quand il s'agit de servitudes discontinues ou de servitudes négatives ; car ce n'est
qu'autant qu'elles sont appuyées d'un titre que ces
servitudes peuvent être l'objet d'une possession utile.
Nous en dirons autant du cas où le défendeur produit
un acte duquel il résulte que la possession du demandeur était originairement une possession précaire, ou qu'il s'agit d'écarter une présomption de
tolérance qui s'attache à la possession à raison de
la nature de la chose possédée, ou de constater que
la destination de la chose est incompatible avec une
possession privée. Enfin l'examen du titre est une
obligation pour le juge du possessoire toutes les
fois qu'il s'élève une question de jonction ou d'interversion de possession.

Avant d'examiner successivement chacune de ces
hypothèses, faisons une observation applicable à
chacune d'elles. Si le juge de paix est obligé de
vérifier les titres produits, c'est uniquement parce
que « la possession utile pour l'exercice de la complainte, comme le dit M. Bourbeau, ne consiste pas
seulement dans un fait matériel, mais, qu'à raison
des caractères légaux qui doivent s'y rencontrer, elle

est mélangée de droit et de fait. Les titres deviennent
donc un élément quelquefois indispensable d'appréciation soit pour enlever à la possession son
caractère apparent d'utilité, soit pour lui conférer
ce caractère, qui ne serait pas suffisamment mani-
festé par les faits. Le titre n'est donc pas considéré
comme constituant par lui-même un droit, mais
comme apportant à l'appréciation de la possession
un élément qui la complète. Aussi le titre doit-il
être examiné seulement au point de vue de cette
preuve complémentaire ; le juge serait incompétent
pour en tirer d'autres conséquences que celles qui
se rattachent à l'utilité de la possession exercée. »
Sous le bénéfice de cette observation, occupons-
nous des servitudes.

§ I. — Des servitudes.

Les servitudes, c'est-à-dire les charges établies
sur un héritage pour l'utilité d'un autre héritage
appartenant à un propriétaire différent, se divisent,
dans notre législation, au point de vue du mode
d'acquisition qui leur est applicable, en servitudes continues et apparentes, et en servitudes discontinues et non apparentes. Les premières peuvent
être acquises au moyen de la prescription, et il suffit
d'en avoir la possession annale pour avoir droit à
la complainte : c'est aujourd'hui un point admis par
une jurisprudence désormais indiscutable. Cette possession est suffisamment justifiée par le signe apparent résultant de l'état de choses qui constitue

ces servitudes ; car elles n'ont pas besoin du fait de
l'homme pour s'exercer. Nul doute que le juge du
possessoire puisse et doive apprécier les signes
extérieurs et visibles qui donnent à la servitude ce
caractère d'apparence nécessaire pour que la possession soit utile à prescrire. Il faut aussi que la
possession ne soit pas précaire et à titre de tolérance. Ainsi, si celui qui exerce sur mon fonds une
servitude continue et apparente a reconnu par écrit
que sa possession n'est que de simple tolérance, sa
possession est inefficace, tant au point de vue de
l'action en complainte que de la prescription. C'est
ce qu'a décidé récemment la cour de Dijon dans une
espèce où une autorisation de pratiquer des ouver-
tures dans un mur mitoyen avait été obtenue sous
la condition de les fermer et supprimer sur simple
invitation de l'autorisant (Dijon, 20 nov. 1871 ; S.,
72, 2, 72). Le juge de paix saisi au possessoire
devra donc également apprécier la déclaration donnée par l'impétrant pour dégager le vice de précarité
et de tolérance qu'elle imprime à la possession.

Les servitudes discontinues et non apparentes ne
peuvent donner lieu à l'action possessoire. La possession, en effet, quelle que soit sa durée, ne saurait
produire aucun résultat utile ; le vice de précarité
qui l'inficie imprime à cette classe de servitudes un
caractère d'imprescriptibilité absolue. Ce principe ne
comporte que deux exceptions : la première, lorsque
la servitude a été constituée par titre ; la seconde,
quand il s'agit d'un passage pour le service d'un
fonds enclavé.

La première exception est proclamée par l'ar-

ticle 691, et sanctionnée par une jurisprudence qui
paraît aujourd'hui irrévocablement fixée, ainsi qu'il
résulte des derniers arrêts de la cour suprême sur
la matière (cass. 27 mars 1866, S., 66, 1, 215;
4 juill. 1866, S., 67, 1, 82; 6 déc. 1871, S., 72,
1, 27; 5 juin 1872, S., 72, 1, 371; 23 mars 1874,
S., 74, 1, 218).

Certains auteurs estiment même que l'action possessoire est recevable de la part de celui qui, pour
user d'une servitude discontinue ou non apparente,
a élevé depuis plus d'une année des travaux apparents
sur le fonds servant (Toullier, t. III, n°° 469 et 622;
Daviel, *Cours d'eau*, t. III, n° 970; Poncet, *Actions*,
n° 99). On pourrait tirer en faveur de cette doctrine
quelques inductions des termes d'un arrêt rendu par la
cour de cassation le 26 décembre 1865 (S., 66, 1, 65).
M. Wodon, auteur belge, dont nous avons déjà
combattu les doctrines, enseigne d'une manière
absolue que les servitudes discontinues sont susceptibles d'action possessoire, même en l'absence d'un
titre, par ce motif « que le législateur, dans l'art. 691
du Code civil, n'a voulu rassurer les voisins que
contre la prescription, mais qu'il n'a pas voulu
dépouiller le possesseur d'un droit de servitude
imprescriptible du bénéfice naturel des actions possessoires, basées uniquement sur l'ordre public, sur
le respect dû au *statu quo* des choses, en atten-
dant le règlement des droits au pétitoire. » Cette
théorie est toute personnelle à M. Wodon. Elle
trouve une réfutation énergique dans les textes
formels de notre Code, et particulièrement dans l'esprit qui a dirigé le législateur dans la rédaction

de l'art. 691. Si donc la possession trentenaire
est incapable de produire la prescription , c'est
que cette possession est inutile, et , si elle est inutile
au point de vue de la prescription, il doit en être
de même au point de vue des actions possessoires,
puisqu'en général « l'action possessoire n'est admis-
» sible que dans les cas et dans les matières où
» la prescription est admise » , ainsi que le disait
M. Nicias Gaillard dans des conclusions prises
comme avocat général devant la cour de cassation
dans une affaire jugée le 16 juillet 1849 (D. 49, 1,
193). Le juge du possessoire, devant lequel sera
portée l'action en maintenue possessoire d'une
servitude discontinue ou non apparente, devra donc
se faire représenter le titre , qui seul rend l'action
recevable. Il devra donc le consulter, en faire l'application et y puiser les éléments légaux qui manquent
aux actes au moyen desquels s'est exercée la possession. Si le titre fait défaut, l'action devra être
rejetée, puisque la possession manquera d'un des
éléments essentiels qui constituent sa vitalité.

Le titre doit être applicable au fonds sur lequel
la servitude est exercée. Si l'applicabilité est contestée , il est de toute évidence que le juge du
possessoire devra, par tous les moyens possibles,
élucider cette question. Si, en effet, le titre n'était
pas applicable au fonds sur lequel la servitude est
due, ce serait comme s'il n'existait pas, et la présomption de précarité reprendrait son empire.

La deuxième exception est relative au cas d'enclave. Le propriétaire dont l'héritage est enclavé a

un titre dans l'art. 682 qui lui confère une servitude de passage sur les fonds voisins. Le voisin a, il est vrai, le droit de réclamer une indemnité; mais c'est là une action personnelle dont le juge de paix n'a point à s'occuper. La question de savoir si le passage a été exercé dans l'année est la seule qu'il doive examiner. Il doit vérifier le fait d'enclave, afin de caractériser la possession et s'assurer qu'elle n'a rien de précaire. On ne saurait prétendre que la vérification de l'enclave tient au fond du droit. La constatation de l'enclave restreinte *ad colorandum et corroborandum possessorium*, comme disaient nos anciens commentateurs, laisse entier le pouvoir des juges du pétitoire. Mais le juge de paix excéderait ses pouvoirs et s'immiscerait dans une question pétitoire s'il s'avisait de rechercher si la possession s'est exercée du côté où le trajet est le plus court et le moins dommageable (cass., 7 janvier 1867 ; S., 67, 1, 62). Il doit se borner à constater la possession et à maintenir le passage sur le point où il s'est exercé. Il serait aussi incompétent pour résoudre la question de savoir s'il y aurait possibilité ou convenance de changer l'assiette du passage (même arrêt), et pour déterminer l'assiette et la largeur du passage (cass. 1er août 1872 ; S., 72, 1, 315). Mais il n'y aurait pas cumul dans le rejet d'une action possessoire sur le motif que la propriété au profit de laquelle avait lieu le passage n'était pas enclavée, en ce qu'elle était contiguë à un terrain communal accédant à la voie publique et par lequel, de temps immémorial, avaient la liberté de passer tous les habitants de la commune (cass.

28 fév. 1872 ; S., 72, 1, 233). Il faut remarquer
toutefois que cet arrêt ne saurait être généralisé.
Si le juge du possessoire a pu décider, dans l'espèce,
que l'héritage attenant à un communal n'était pas
enclavé, c'est que depuis de longues années, et
par la tolérance de la commune, ce terrain était
devenu, au profit des habitants, une annexe de la
voie publique. En cet état, le juge était fondé, et
pour tout le temps que durerait la tolérance de la
commune, à considérer que, par cela même qu'il
touchait au terrain communal, le fonds prétendu
enclavé touchait en réalité à la voie publique elle-
même. L'action aurait été recevable si la commune
se fût opposée au passage et si ce terrain ne fût
devenu une annexe de la voie publique.

Après avoir exposé d'une manière générale ces
deux exceptions, insistons plus particulièrement sur
la première, en nous demandant quel doit être le
caractère du titre à produire pour obtenir la maintenue dans l'exercice de la servitude dont on a la
possession annale au jour du trouble. Cette question
est une des plus importantes de notre sujet et l'une
de celles, en même temps, qui a toujours été, si haut
que l'on remonte dans l'histoire du droit, la plus
environnée de difficultés et de controverses.

Écartons d'abord de notre dissertation une première difficulté relative à la signification du mot *titre*
de l'art. 691. Il nous paraît évident que le législateur
de 1804, s'inspirant de l'ancienne maxime de la coutume de Paris, *nulle servitude sans titre*, a entendu
exiger un *acte écrit* (*instrumentum*) constituant et

constatant la servitude et son mode d'exercice. Ceci
posé, quel doit être le caractère de cet acte écrit en
matière possessoire ?

Divers cas peuvent se présenter : ou bien le demandeur en maintenue est de bonne foi porteur d'un
titre émané *a non domino*, mais passant pour le vrai
propriétaire du fonds grevé, ou bien d'un titre purement déclaratif ou énonciatif émané *a domino*, mais
auquel il n'a pas été partie ; ou bien il produit au juge
du possessoire un acte extrajudiciaire établissant
qu'il a contredit, antérieurement à l'année du trouble,
à la prétention du propriétaire du fonds servant qui
voulait s'exonérer de la servitude.

Pour le premier cas, deux systèmes sont en présence.

Dans l'un on argumente de l'art. 691, qui veut que
les servitudes dont nous nous occupons ne puissent
s'établir que par titre ; et on soutient que le mot titre
ne peut s'entendre dans le sens d'un titre émané
a non domino, d'un titre apparent, coloré, pour nous
servir de l'expression usitée ; que s'il en était autrement, la servitude serait acquise par la prescription
et non par le titre, et que cet article en prohibe l'acquisition par la possession même immémoriale ; que
le titre coloré ne purge pas le vice de précarité vis-à-
vis le véritable propriétaire ; que dès lors la possession, inefficace pour engendrer la prescription, ne doit
produire aucun effet au possessoire (Troplong, *de la
Presc.*, t. II, n° 857 ; Zachariæ, t. II, p. 78 ; Demol.,
des Serv., t. II, n° 787-951).

Nous ne saurions admettre cette théorie. La possession basée sur un acte formellement constitutif de

la servitude émané *a non domino*, mais passant pour le vrai propriétaire du fonds grevé, est une possession efficace qui permet l'exercice des actions posses- soires. Dans notre ancienne jurisprudence, il en était ainsi. D'après Pothier (Introd. au tit. XIII de la cout. d'Orléans), « on ne pouvait pas dire qu'une servitude était dénuée de titre quand elle avait été concédée par un acte constitutif, bien qu'il fût émané *a non domino ;* que, s'il était certain que le concédant n'avait pu transmettre à son concessionnaire un droit qu'il n'avait pas, tout au moins il fallait reconnaître qu'il avait transmis à celui-ci, s'il était de bonne foi, *causam usucapiendi*, laquelle suffisait pour servir de base à la possession acquisitive. » Ces traditions ont été maintenues dans notre Code. Le motif, en effet, qui rend les servitudes discontinues et non apparentes imprescriptibles, c'est que la possession est présu- mée précaire et de simple tolérance ; or l'existence du titre purge précisément ce vice de précarité. De plus, si l'art. 691 exige un titre, il existe dans l'es- pèce. Rien, dès lors, ne s'oppose plus à ce que la possession soit utile. Il suffira donc, à notre avis, de produire au juge du possessoire un acte écrit qui détruise la présomption de tolérance ou de précarité pour que l'action possessoire soit recevable. Mais, dira-t-on, le juge du possessoire va trancher en fait et au préalable une question se rattachant au péti- toire. En aucune façon, répondrons-nous : il laisse intacte la question du droit à la servitude. Ce n'est que provisoirement, et au point de vue du posses- soire, qu'il juge la question, et son jugement ne peut exercer aucune influence, soit directe, soit indirecte,

dans l'instance qui pourra plus tard s'agiter au pétitoire : aucune influence directe, car ce qui est jugé
au possessoire n'a pas la force de chose jugée au
pétitoire, ainsi que l'a encore jugé récemment la cour
de cassation dans un arrêt du 20 janvier 1868
(S., 68, 1,225); aucune influence indirecte, car la
charge de prouver au pétitoire l'efficacité de l'acte
produit, et par là l'existence du droit de servitude,
incombera, dans un cas comme dans l'autre, à la partie
qui réclamera la servitude imprescriptible. Tous les
fonds étant réputés libres, il résulte de cette présomption que c'est à celui qui prétend avoir un droit
de servitude à en justifier. Mais, nous devons le rappeler, le juge du possessoire devra avoir le soin de
ne résoudre la question se rattachant à la nature du
titre que dans les motifs de sa sentence, et seulement
pour aboutir à une conclusion qui ne concerne que le
possessoire (Dall., v° *Act. poss.*, n° 767 ; Bourbeau,
n° 418 ; Demante, t. II, sur l'art. 691 ; cass. 4 avril
1866, S., 67, 1, 291).

Le juge du possessoire doit-il également reconnaître comme légitime la possession basée sur un
titre purement déclaratif ou énonciatif émané *a domino*, mais auquel le demandeur en maintenue n'a
pas été partie ? Nous n'hésitons pas à admettre l'affirmative. Et d'abord, il ne saurait être contesté que le
propriétaire du fonds dominant, le demandeur au
possessoire, possède en vertu d'un titre constitutif
de la servitude. Nous sommes donc dans les termes
de l'art. 691. C'est en vain que le propriétaire du
fonds servant, le défendeur au possessoire, arguerait
de la maxime : *res inter alios acta, aliis neque nocet*

neque prodest (art. 1165) ; le demandeur lui répondrait victorieusement qu'il est porteur de bonne foi d'un titre constitutif, émané de lui, constatant l'existence de la servitude dont il se prévaut ; que, dans tous les cas, ce titre pourrait servir contre lui de commencement de preuve par écrit, aux termes de l'art. 1347, ainsi qu'il résulte de la jurisprudence de la cour de cassation (c. req. 15 avril 1840, aff. Lair, et 16 décembre 1863, S., 64, 1, 125), et que sa possession annale, corroborée par cet acte, est une possession *ex juxta causa*, en un mot une possession légitime. Ne pourrait-il pas même aller plus loin et prétendre qu'il y a dans ce titre un véritable acte récognitif qui, suivant l'art. 695, doit prouver l'existence de la servitude ? Nous le pensons. Qu'est-ce, en effet, qu'un titre récognitif, sinon la confession et l'aveu de l'existence de la servitude ? « Il ne s'agit pas ici d'établir » la servitude, dit M. Demolombe, par une conven- » tion qui exigerait le concours de deux volontés ; » toute la question est de savoir si la servitude n'a » pas été antérieurement établie ; or la preuve peut » en résulter de l'aveu de celui qui la doit. Cette » solution devrait surtout être adoptée dans le cas » où celui qui invoque cette reconnaissance dans » laquelle il n'était point partie aurait en sa faveur » la possession plus ou moins ancienne de la servi- » tude » (nos 757-948 ; Pardessus, t. II, no 325). Ce langage, qui devrait triompher, suivant M. Demolombe, au pétitoire, pourrait *a fortiori* être tenu devant le juge du possessoire, qui y trouverait la preuve de la non-précarité de la possession dont la question s'agiterait devant lui (Bordeaux, 16 déc.

1863, S., 64, 2, 125 ; Pau, 7 mars 1864, S., 64, 2, 49).

Notre solution sera toute différente dans la troisième hypothèse que nous avons précédemment prévue. La contradiction résultant d'un acte extrajudiciaire notifié par le propriétaire du fonds dominant au propriétaire du fonds servant antérieurement à l'année du trouble ne rendrait pas recevable l'action possessoire. Vous avez voulu m'empêcher de passer sur votre fonds, je vous ai fait signifier une sommation afin que vous ayez à vous abstenir désormais de tout empêchement semblable, et vous vous abstenez en effet ; et pendant un an *a die contradictionis* j'ai continué à passer. En cas de trouble de votre part, pourrai-je agir contre vous au possessoire en me prévalant de ma contradiction ? Évidemment non. Les servitudes discontinues ne peuvent s'acquérir que par titre : je ne puis, à défaut de titre, me prévaloir de ma contradiction. Cette contradiction n'est qu'une prétention, de ma part, qui ne peut me constituer un droit ; car il est de principe, d'après la maxime *nemo sibi adscribit*, que nul ne peut se créer un titre à lui-même. Il est vrai que plusieurs de nos anciennes coutumes (Nivernais, Berry, Bourbonnais) faisaient autrefois courir la prescription *a die contradictionis ;* mais cette doctrine se trouve abrogée par les termes absolus de notre art. 691. Ce serait vainement aussi que j'argumenterais de l'art. 2238, qui attribue à la contradiction l'effet de fonder en certains cas une possession utile à prescrire. Ce texte, en effet, ne concerne que les choses ou les droits susceptibles de possession utile à prescrire.

Toute action possessoire relative aux servitudes réglementées par l'art. 691 qui ne serait fondée que sur une contradiction devrait donc être rejetée par le juge du possessoire (Orléans, 6 décembre 1838 ; Riom, 2 décembre 1844 ; Metz, 6 juin 1866, S., 67, 2, 147 ; Demol., n° 789 ; Carré, t. II, p. 312 ; Curasson, n° 78).

Nous en dirions autant d'un titre simplement énonciatif de la servitude émané *a non domino*. Si, dans les deux premiers cas que nous venons d'examiner, nous avons admis l'efficacité de la possession, c'est que nous nous trouvions en présence d'un titre que le demandeur au possessoire pouvait considérer comme remplissant le but de la loi, et par conséquent constitutif de sa bonne foi. Mais ici il ne saurait en être de même. La servitude est simplement énoncée dans un titre étranger au propriétaire du fonds servant. Le demandeur n'a pu avoir foi dans cette énonciation ; il n'a pu la considérer comme lui tenant lieu de titre soit constitutif, soit récognitif de la servitude, et dès lors n'a pu faire cesser vis-à-vis lui la précarité. « La jouissance qui est conforme à une telle énonciation, disait Domat, est dépourvue de la croyance de la légitimité de la possession » (p. 261, art. 11). « Il est évident, dit M. Bourbeau, qu'une simple énonciation de l'existence de la servitude dans un acte étranger au défendeur n'est pas le titre qui pourrait appuyer la possession de cette servitude et faire disparaître la présomption de tolérance attachée à une possession de cette nature. » — « La loi, ajoute-t-il plus loin, en exigeant un titre récognitif, à défaut de titre constitutif de la servitude, exclut l'acte purement énonciatif non-seulement pour acquérir la servitude, mais encore pour en étayer la possession. Celui qui possède en vertu d'un acte contenant une simple énonciation n'a pu y puiser cette confiance dans son droit qui fait disparaître la présomption de tolérance ou de précarité dans les actes de possession » (cass. 16 juill. 1849, D., 49, 1, 193 ; Bourbeau, 418).

Il devrait en être de même de la règle *in antiquis enuntiativa probant.* L'énonciation faite dans un titre ancien d'un droit quelconque ne pouvait, même dans le droit antérieur au Code, être invoquée que comme une simple présomption pouvant en corroborer d'autres. « *Antiquitas*, disait Dumoulin, *non potest de novo inducere in totam probationem quæ nulla est, sed ad eam demum quæ aliqua est coadjuvare.* » Cette présomption était elle-même sans valeur dans les matières où la loi exigeait un écrit pour la constitution d'un droit, notamment en matière de servitude, comme sous l'empire de la coutume de Paris. *A fortiori* doit-il en être ainsi aujourd'hui. Aussi il est généralement admis qu'elle est inapplicable à l'acquisition des servitudes déclarées imprescriptibles. Elles ne peuvent s'acquérir que par titre, et la possession même immémoriale ne suffit pas pour les établir. D'autre part, le titre constitutif ne peut, à leur égard, être remplacé que par un titre récognitif. Ces dispositions s'opposent évidemment à ce que l'on considère une simple énonciation dans un ancien titre, même soutenu d'une longue possession conforme, comme un titre constitutif d'une servitude que la loi déclare imprescriptible. — Toullier (t. VIII, n° 164 et suiv.) et Troplong (t. I, n° 167) admettent cependant le contraire ; mais la règle *in antiquis enun-tiativa probant*, est rejetée par la majorité des auteurs modernes comme étant d'une application impossible en toutes espèces de matières (Aubry et Rau, VI, p. 372 ; Larombière et Marcadé, sur l'art. 1320). Dalloz, après avoir adopté l'opinion de Toullier, est revenu à un sentiment contraire dans son Répertoire alphabétique (v° *Oblig.*, n° 3135). Rolland de Vil-largues, dans son *Répertoire du notariat* (v° *Serv.*, n° 137), a donc raison de dire que de cela seul que les art. 691-695 exigent un titre en matière de servitudes imprescriptibles, il résulte que les énonciations faites dans un titre ancien seraient insuffisantes, lors même qu'elles seraient appuyées d'une possession.

Notons ici que la destination du père de famille a, pour la jurisprudence, la même valeur qu'un titre. On comprend, en effet, que la disposition des lieux organisée par le propriétaire de deux fonds plus tard séparés, puisqu'elle a même l'effet de créer le droit de servitude, doit, à plus forte raison, écarter toute idée de précarité ou de tolérance. Il entrera donc dans la mission du juge du possessoire de re-chercher dans les actes de mutation produits par les parties et dans l'état ancien des lieux l'origine de la propriété, afin de caractériser la possession et écarter, s'il y a lieu, les vices de précarité ou de to-lérance (cass. 22 avril 1873 ; S., 73, 1, 276).

Quant aux servitudes que l'on est convenu d'ap-peler *négatives*, et qui consistent *in non faciendo*, il est certain qu'en l'absence de titre, elles ne peuvent faire l'objet d'une action en complainte (cass., req., 26 dé-cembre 1865 ; S., 66, 1, 65). Si, au contraire, elles

s'exercent en vertu d'un des titres auxquels nous venons de reconnaître la puissance d'effacer le vice de
tolérance ou de précarité, nous n'hésitons pas à admettre que l'action possessoire soit recevable. Le
titre, dans ce cas, servira à interpréter les faits, en
montrant que l'abstention du propriétaire du fonds
servant était une possession pour celui du fonds dominant, et que cette abstention n'était plus la conséquence d'une faculté inhérente au droit de propriétaire, mais qu'elle était l'exécution de la convention
contenue dans le titre (Aubry et Rau, §§ 179-185 ;
Demol., n° 950 ; Bourbeau, n° 374 ; cass. 15 fév.
1841, S., 41, 1, 193 ; Metz, 6 juin 1866, S., 67, 1,
147).

Dans les différents cas que nous venons d'examiner, et que nous pourrions multiplier encore si le
but de notre travail ne nous imposait de bien modestes
proportions, le juge du possessoire aura à rechercher
dans les titres tout ce qui lui paraîtra de nature à effacer le vice qui s'attache à la possession des servitudes
imprescriptibles. Mais, nous ne saurions trop le rappeler, il doit y puiser des impressions plutôt que des
preuves légales des droits qu'ils constatent. Du droit
en lui-même, il ne doit s'en occuper qu'au point de
vue du possessoire, dont il est le juge. La possession
doit être son objectif constant dans l'étude qu'il fait
des titres, et, à moins de se rendre coupable de
cumul, les droits des parties doivent toujours être réservés au pétitoire.

§ II. — *Contestations sur la validité des titres.*

Supposons maintenant qu'un débat s'élève devant le juge du possessoire sur la valeur du titre invoqué comme une preuve complémentaire de l'utilité de la possession ; que doit-il faire? Doit-il apprécier ce titre pour caractériser la possession, ou doit-il au contraire se déclarer incompétent, ou doit-il enfin, sans se dessaisir, surseoir au jugement sur la possession jusqu'après la décision par les juges du pétitoire de la question préalable de la validité du titre?

Le juge du possessoire ne devrait, suivant nous, ni se déclarer incompétent pour résoudre la question de validité, ni, en général, surseoir à prononcer sur la possession jusqu'à ce que les juges du pétitoire aient statué sur cette question incidente. En principe, le juge de l'action est le juge de l'exception. Il en était ainsi dans notre ancienne jurisprudence : « Lorsque le seigneur rapporte un titre, dit Pothier » (*de la Posses.*, nᵒˢ 90 et 91), quoique ce titre soit » contredit, il suffit pour que le seigneur puisse » former la complainte et pour qu'il doive être main- » tenu par provision dans la possession du droit par » lui prétendu, jusqu'à ce qu'il ait été définitivement » statué au pétitoire. » Les jurisconsultes contempo- rains les plus accrédités admettent encore la même opinion, qui, du reste, a été consacrée par la juris- prudence de la cour de cassation. Ainsi donc, il suffit que le titre, fût-il seulement apparent, coloré, explique le caractère de la possession, ou paraisse autoriser

une des parties à se prévaloir de la possession
exercée, pour que le juge de paix doive l'admettre
comme élément de sa décision, sauf à l'autre partie
à en contester la valeur devant les juges du pétitoire.
Il est vrai que la loi du 25 mai 1838 décide que les
juges de paix ne connaissent des indemnités récla-
mées par les locataires ou fermiers que « *lorsque le
droit à une indemnité n'est pas contesté* » (art. 4, n° 1) ;
des actions pour dommages aux champs, etc., et de
celles relatives à l'élagage des arbres ou haies, etc.,
« *que lorsque les droits de propriété ou de servitudes ne
sont pas contestés* » (art. 5, § 1); des actions en bornage, et de celles relatives à la distance prescrite pour
les plantations d'arbres ou de haies, que « *lorsque la
propriété ou les titres ne sont pas contestés.* » D'où
certains auteurs ont conclu qu'ils ne pouvaient également connaître des actions possessoires fondées en
titre que lorsque le titre n'était pas contesté. A cet
argument il est facile de répondre que cette restriction ne se trouve dans aucun des textes de loi qui attri-
buent aux juges de paix la connaissance des actions
possessoires; que cette différence démontre bien que
le législateur a voulu que les juges de paix fussent
toujours compétents pour statuer sur les actions
possessoires. Ils ne peuvent pas se dessaisir et renvoyer le possessoire et le pétitoire au tribunal civil :
ils commettraient un déni de justice, et, d'autre part,
le tribunal cumulerait le pétitoire et le possessoire;
et nous avons vu que la prohibition est édictée aussi
bien pour les juges d'appel que pour le juge du premier degré. Il serait aussi, en général, non moins
illogique de surseoir à statuer sur le possessoire jus-

qu'après la solution des juges du pétitoire sur la question préjudicielle, puisque, dans ce cas, la solution du possessoire deviendrait sans utilité et sans objet. En effet, supposons que Primus actionne en complainte Secundus pour avoir passé sur son fonds. Le titre produit par Secundus est contesté par Primus, et le juge du possessoire les renvoie devant le tribunal pour faire décider la question préjudicielle. Si le tribunal décide que le titre ne confère pas à Secundus le droit de passer, la question de possession est implicitement résolue en faveur de Primus. Pourquoi, dès lors, revenir devant le juge du possessoire ? Si, au contraire, le tribunal décide que le titre produit est un titre légal, l'action possessoire de Primus n'a plus sa raison d'être, et il se gardera bien de faire de nouveaux frais, qui seraient nécessairement à sa charge (Bourbeau, n° 421 ; Henryon de Pansey, chap. LI ; Demol., 945 ; Merlin, *Quest.*, v° *Serv.*, § 6 ; cass. 6 décembre 1853, S., 54, 1, 793 ; 16 août 1869, S., 69, 1, 452 ; *contra*, Belime, 450 ; Alauzet, n° 292 ; Dorlincourt, *Revue critique*, t. III, p. 340).

La contestation sur la validité du titre peut être de plusieurs sortes : elle porte sur la validité de l'acte juridique ; ou bien le titre est argué de prescription ; ou bien il est contesté comme émanant d'un mandataire qui a outrepassé ses pouvoirs. Appliquons la théorie à laquelle nous nous sommes arrêté à chacune de ces hypothèses.

Si la validité de l'acte juridique est contestée, il faut faire une distinction : le juge de paix n'a pas à s'arrêter à l'exception d'annulabilité de l'acte pour vice de consentement ou incapacité des parties, car

le titre alors n'est pas nul , il est seulement annulable ;
or cette existence de fait écarte la présomption de
tolérance ou de précarité et rend recevable l'action
possessoire.

Il en est autrement de l'exception de nullité tirée
d'un défaut absolu de consentement ou d'un vice de
forme. Le juge de paix doit s'arrêter à cette exception,
non pour la décider, mais pour en apprécier le
mérite, toutes les fois que la possession du demandeur a besoin d'être appuyée d'un titre. Ainsi,
Primus prétend avoir le droit de passer sur le fonds
de Secundus, en vertu d'un legs que lui a fait le père
de ce dernier. Secundus répond à la demande que
le testament est nul en la forme , ou qu'il a été
révoqué par un acte postérieur, ou bien encore qu'il
a été fait à un moment où son père n'avait déjà plus
l'usage de ses facultés mentales. Le juge de paix sera
bien forcé d'examiner ces allégations , car si elles
sont exactes, il n'y a plus de titre. Or la servitude
de passage est une servitude discontinue, dont la
possession est toujours réputée précaire , à moins
qu'elle ne s'exerce en vertu d'un titre. Mais il ne
se livrera à cet examen, nous le répétons, que pour
rechercher les caractères juridiques de la possession.
« Attendu, disait la cour de cassation le 8 mars 1838
» (S., 38, 1,408), que de cette nécessité ne résultera
» pas pour le juge du possessoire le droit et l'obli-
» gation de prononcer sur la validité du titre rela-
» tivement au fond du droit, de se livrer à des
» instructions longues et dispendieuses pour écarter
» ou admettre les objections proposées contre le
» titre ; qu'il suffit de reconnaître la régularité du

» titre, d'en apprécier la portée, de le prendre, s'il
» y a lieu, pour point de départ, afin de déterminer
» le véritable caractère de la possession, tous les
» droits des parties demeurant réservés au péti-
» toire. »

« Attendu, dit-elle encore le 27 mars 1866
» (S., 66, 1, 215), que le juge du possessoire peut
» consulter les titres produits et y avoir égard, en
» s'abstenant de prononcer sur la validité de ces
» titres, pour apprécier le caractère non précaire de
» la possession. »

Si la contestation porte sur un titre argué de prescription, que doit faire le juge du possessoire ? Po-
sons l'espèce suivante : Primus, propriétaire du
fonds A, a la possession d'une servitude de passage
sur le fonds B, appartenant à Secundus. Primus, demandeur en complainte, représente un titre constitutif
de la servitude souscrit par Secundus. Ce dernier soutient que la servitude était éteinte par un non-usage
trentenaire avant les faits de possession de l'année
qui a précédé le trouble. Le juge de paix aura-t-il à
rechercher si effectivement il y a eu prescription ?
Qu'il ait garde de le faire : cette question est du
domaine exclusif des juges du pétitoire. Le titre
produit efface le vice de précarité. La demande est
par suite recevable, et provision est due au titre.

Le titre produit a été consenti par un mandataire,
mais la partie à laquelle on l'oppose prétend que le
mandataire a outrepassé les pouvoirs qu'elle lui a
confiés. Le juge de paix devant lequel sera soulevée
l'exception n'aura à se livrer, à cet égard, à aucune
instruction, et si le titre a toutes les apparences in-

ternes et externes d'un titre probant, il doit au possessoire recevoir son exécution.

En résumé, le juge du possessoire doit interroger, examiner, apprécier les actes contestés, aussi bien que ceux qui ne le sont pas, sans pour cela cumuler le pétitoire et le possessoire. Mais, dans les deux cas, cette appréciation ne doit se produire qu'en vue de la possession, dont il est le juge, et sa sentence ne doit, en définitive, statuer que sur ce dernier point. Si cependant il arrivait à cette conviction que la contestation est sérieuse et que le titre n'est ni suffisant ni opposable, il devrait rejeter l'action possessoire, qui, pour se justifier, aurait besoin de s'appuyer sur un titre, et renvoyer le défendeur de la demande dirigée contre lui.

La solution générale que nous venons d'admettre dans les cas où la validité des titres est contestée en matière possessoire comporte cependant des exceptions. Ainsi, le juge de paix doit surseoir à statuer, soit parce que le jugement au possessoire est nécessairement subordonné à une instruction qui est en dehors de ses attributions, soit parce qu'il y a lieu d'interpréter des actes administratifs, ou des jugements émanés d'une juridiction supérieure.

La première exception se présente dans l'espèce suivante : Primus oppose à Secundus devant le juge du possessoire un acte sous seing privé ; Secundus dénie son écriture ou sa signature, ou bien encore il produit un acte authentique contre lequel Secundus s'inscrit en faux. Que doit faire le juge de paix ? Duranton (t. V, n° 639) dit que, le titre n'étant pas constant, il y a lieu de déclarer l'action possessoire

non recevable, s'il s'agit d'une servitude non susceptible de s'acquérir par la prescription. M. Bourbeau (n° 419) repousse cette opinion, dont l'application ne constituerait rien moins qu'un déni de
justice. Selon lui, « le juge de paix, si l'écrit dénié
ou méconnu était de nature à exercer quelque
influence sur la question du possessoire, devrait
renvoyer les parties devant les juges compétents
pour y procéder à la vérification.... Ce n'est plus le
fond du droit qui, dans ce cas, est l'objet de la
question préjudicielle soumise au tribunal ordinaire;
ce tribunal ne doit procéder qu'à une simple mesure
d'instruction à laquelle le juge de paix ne peut procéder lui-même. La vérification des écritures laisse
entières les questions relatives à l'influence du titre,
et le juge de paix ne subit, pour les résoudre, aucun
préjugé résultant d'une décision qui touche au fond
du droit. »

Nous nous rangeons à cette dernière opinion ;
nous ajoutons seulement que ni la vérification
d'écritures, ni l'inscription de faux ne sont obliga-
toires pour le juge du possessoire; qu'il pourrait
par suite, si la contestation ne lui paraissait pas
sérieuse, tenir l'acte pour vrai et juger immédiatement le fond ; que si, à l'inverse, à la seule inspection du titre, il en reconnaît la fausseté, il peut,
sans vérification d'écriture ou inscription de faux
préalable, le rejeter du débat et statuer en l'état
(Aubry et Rau, §§ 755-56; cass. 16 janvier 1833,
S., 34, 1, 798 ; 9 décembre 1839, S., 40, 1, 30).

La deuxième exception à la solution que nous
avons adoptée est relative au cas où il y a lieu d'in-

terpréter des jugements ou arrêts, ou des actes administratifs. Le juge du possessoire doit surseoir jusqu'après la décision de l'autorité, dont ils émanent. Il n'est pas étonnant, d'ailleurs, que le juge du possessoire doive s'abstenir d'interprétation au point de vue du possessoire, puisque les juges du pétitoire eux-mêmes seraient sans droit pour les interpréter au point de vue du pétitoire. La décision interprétative rendue par l'autorité compétente complète la première décision, et le juge de paix, lorsque les parties reviennent devant lui, apprécie les deux éléments pour déterminer les caractères et l'efficacité juridique de la possession en litige.

En ce qui concerne les actes administratifs, cette exception soulève dans la pratique d'assez graves difficultés, tant la nuance qui sépare les pouvoirs des autorités administrative et judiciaire est souvent imperceptible. Cette exception repose sur le grand principe de séparation de ces deux autorités, qui doit être combiné avec cet autre principe non moins constant, que le pouvoir judiciaire est seul compétent pour connaître des questions de propriété et de possession.

Que doit-on entendre par actes administratifs ? Que notre savant maître, M. Ducrocq, nous permette d'emprunter la réponse à l'excellent ouvrage de droit administratif qu'il vient de publier. « Pour bien » comprendre cette expression, dit-il (n° 193, t. I), » il faut constater avec soin que tous les actes de » l'administration française se divisent en trois » classes : 1° les *actes réglementaires*, décrets, arrêtés préfectoraux ou municipaux portant règle-

» ment, faits par l'autorité administrative en vertu
» d'une délégation partielle du pouvoir législatif, et
» constituant des faits de législation plutôt que
» d'administration ; 2° les *actes contractuels*, éma-
» nés de l'administration, dans lesquels elle ne
» figure que comme partie contractante ; 3° les
» *actes administratifs proprement dits*, qui se distin-
» guent des deux premières catégories en ce qu'au
» lieu d'être généraux, comme les règlements, ils
» sont individuels et spéciaux, et qu'au lieu d'être
» des actes de gestion, comme les contrats passés
» par l'administration, ils constituent des actes d'au-
» torité et de commandement, sont des actes de
» la puissance publique. »

La défense d'interpréter n'est vraie que pour les
actes administratifs proprement dits. Elle ne l'est
pas pour les actes contractuels, qui forment des actes
de gestion et non des actes d'autorité ; elle ne l'est
pas non plus pour les règlements administratifs.
« Le principe de l'indépendance des deux autorités,
» ajoute-t-il (n° 555, t. I), ne fait pas plus obstacle à
» ce que l'autorité judiciaire interprète les règle-
» ments, que celui de la séparation des pouvoirs
» législatif et exécutif ne s'oppose à ce que l'auto-
» rité judiciaire interprète la loi qu'elle applique. »

Ainsi donc, la prohibition d'interprétation imposée
au juge du possessoire ne concerne que les actes
administratifs proprement dits ; c'est à l'autorité
dont ils émanent qu'il faut demander leur interprétation lorsqu'il y a contestation sur leur sens et leur
portée (cass., 24 juin 1861 ; 24 fév. 1864, aff.
Laumonier-Carriol ; 12 août 1867, S., 67, 1, 421 ;

17 nov. 1869, comm. de Gélines ; 13 juil. 1870, S. 70, 1, 397). Mais nous devons encore ajouter, dans ce cas, que le juge de paix ne doit surseoir que lorsque la contestation lui paraît sérieuse. Si donc l'acte administratif est parfaitement clair, s'il ne présente ni équivoque ni ambiguïté, il n'y a pas lieu à l'interpréter, et dès lors le juge du possessoire, sans s'arrêter à la contestation, qui n'a d'autre but que de gagner du temps, appliquera l'acte au litige dont il est saisi (cons. d'Ét., 3 avril 1865, compagnie des mines d'Anzin).

§ III. — *Des choses imprescriptibles.*

Le juge de paix doit-il aussi examiner les titres et apprécier les documents ayant pour but de constater si la chose litigieuse est ou non de celles qui, à raison de leur imprescriptibilité, ne sont pas susceptibles de possession utile ?

La solution de la question comporte une distinction. Il y a, en effet, deux classes de biens imprescriptibles : les uns sont tels à raison de leur destination : ce sont les choses du domaine public; les autres sont imprescriptibles à raison de l'incapacité de leurs propriétaires.

Nous n'hésitons pas à penser que le juge du possessoire doive rechercher, soit dans les titres produits, soit dans les documents et états de lieux, la destination publique de la chose litigieuse. On objecte, il est vrai, que le juge du possessoire, statuant sur une question de prescription, tranche implicite-

ment une question de propriété, puisque la prescription se trouve au nombre des moyens d'acquérir la
propriété (C. civ., 2219; Marcadé sur cet art.; Troplong, t. I, n° 28); que déclarer un terrain prescrip-
tible ou non, c'est attribuer à ce terrain une qualité
réelle, bonne ou mauvaise; que c'est examiner enfin
une question d'acquisition de la propriété, contrairement au vœu de la loi, et cumuler le possessoire et le
pétitoire. — Cette objection, que nous empruntons à
un pourvoi rejeté par la cour suprême le 26 mars
1872 (S., 72, 1, 373), était appuyée de deux arrêts
de la cour de cassation, des 4 décembre 1855 (S., 56,
1, 438) et 16 août 1869 (S., 69, 1, 452). Ces deux
arrêts avaient, en effet, subi la censure de la cour suprême, non pas parce que le juge du possessoire
avait examiné la question de prescription, mais bien
parce que dans le dispositif de son jugement il avait
déclaré imprescriptible le terrain litigieux. Il y avait
donc cumul manifeste, et la cour suprême avait fait
une saine application de la théorie que nous préconi-
sons, à savoir, que le juge de paix, du moment où
une fin de non-recevoir tirée de l'imprescriptibilité à
raison de la destination publique de la chose litigieuse est soulevée devant lui, doit nécessairement
l'examiner avec les éléments que les parties produisent et, au besoin, en se fondant sur l'inspection des
lieux, mais qu'il doit s'abstenir de statuer sur la
prescriptibilité ou l'imprescriptibilité qui tient au pétitoire. Si donc, il se contente de déclarer que la possession alléguée ne peut avoir les caractères exigés
pour légitimer l'action possessoire, et qu'elle n'a pu
s'exercer *animo domini*, soit à cause de la promis-

cuité d'une possession qui se confondrait avec celle du public, soit à raison de la nature de la chose qui ne comporte pas une possession privative, nous croyons fermement que sa sentence sera à l'abri de toute critique. C'est d'ailleurs dans ce dernier sens que la cour de cassation, après quelques hésitations, nous paraît aujourd'hui fixée (cass. 9 janv. 1872, S., 72, 1, 225 ; 26 mars 1872, S., 72, 1, 372 ; civ. cass. 22 juill. 1874, S., 74, 1, 431).

La fin de non-recevoir tirée de l'imprescriptibilité à raison de la destination publique de la chose litigieuse est opposée par les représentants de l'État, des départements ou des communes aux tiers qui agissent au possessoire pour obtenir une maintenue en possession dans les actes de jouissance prétendue privative commis sur cette chose. Mais les tiers eux-mêmes ne pourraient-ils pas opposer à l'État, aux départements ou aux communes cette même fin de non-recevoir ? Il faut se garder de le penser. Opposer à l'État ou aux communes, pour les faire déclarer non recevables à poursuivre les usurpations commises par des tiers, le principe d'imprescriptibilité posé par l'art. 2226, ce serait tourner cet article contre l'intérêt public qu'il a pour but de protéger. De ce qu'on ne peut pas acquérir à leur encontre la possession utile des choses imprescriptibles, il ne s'ensuit nullement qu'ils ne puissent pas eux-mêmes se prévaloir de la leur (cass. 31 décembre 1855, S., 56, 1, 209 ; 9 janvier 1872, S., 72, 1, 225. Voy. rapp. de M. Rau dans le dernier arrêt).

D'autre part, lorsque l'instance possessoire est engagée entre deux particuliers, l'un ne peut opposer à

l'autre que la chose sur laquelle s'est exercée sa possession est une dépendance du domaine public.
L'imprescriptibilité ne peut être opposée que par
l'État ou par les communes, et le juge de paix devrait
statuer sans se préoccuper du caractère domanial et
public de la chose litigieuse (cons. d'État du 26 juin
1852, D. 52, 3, 45 ; cass. 23 août 1859, D., 59, 1,
352 ; 24 juill. 1865, S., 65, 1, 346). — Il faut cependant en excepter le cas où l'action possessoire serait intentée par un particulier au nom de la commune, aux termes de l'art. 49 de la loi de 1837.

Les biens imprescriptibles, à raison de la qualité
de leurs propriétaires, doivent être régis par un principe tout à fait contraire à celui que nous avons appliqué aux choses dépendant du domaine public na-
tional, départemental ou communal. L'imprescriptibilité qui frappe les biens, ayant une destination
publique, est absolue, tandis que celle dont nous allons nous occuper est purement relative. Elle est
attachée, comme un privilége, à la personne du propriétaire plutôt qu'à la chose elle-même. C'est ainsi
que les biens des mineurs, des interdits, les biens
dotaux, sont protégés contre la prescription, qui reste
suspendue tant que dure l'incapacité ou le mariage.
Il en était de même des biens de dotation de la cou-
ronne avant le 4 septembre 1870 ; mais un décret du
gouvernement de la défense nationale, rendu au len-
demain de la chute de l'Empire, les a fait retomber
dans le domaine privé de l'État, et les a dès lors
rendus susceptibles de prescription.

Si une action possessoire est intentée contre le tu-
teur ou le mari, le juge du possessoire pourra-t-il,

pour l'écarter, examiner les titres et déclarer que, le bien appartenant à une personne privilégiée, la possession n'a pas été utile à prescrire? M. Garnier, *de la Poss.*, p. 100) enseigne l'affirmative. Cette opinion n'est autre chose qu'une grave erreur. L'imprescriptibilité est une exception qui, dans ce cas, ne peut être opposée que lors du débat de la question de propriété, et le juge de paix violerait la prohibition du cumul s'il basait sa sentence sur le caractère d'imprescriptibilité de l'immeuble litigieux. La possession actuelle, du reste, peut s'exercer en vertu d'un titre émané de l'auteur de l'incapable, ou bien être la continuation d'une possession ancienne ayant une origine antérieure à l'incapacité. Nous estimons donc que les biens imprescriptibles, à raison de la seule qualité du propriétaire, sont susceptibles de possession privée. « Il faut se garder de confondre cette » hypothèse, dit M. Bourbeau, avec celle de la pos- » session s'appliquant à une chose du domaine pu- » blic. La destination publique réagit sur la posses- » sion, qui ne peut être exclusive, ni manifestée par » des actes faits à titre de propriétaire. La qualité de » la personne se prétendant propriétaire d'une chose » imprescriptible à raison d'une immunité person- » nelle ne vicie pas la possession du tiers qui n'in- » voque cette possession que comme une présomp- » tion de propriété. — Voilà pourquoi, dans le » premier cas, le juge de paix doit interroger les » titres, et pourquoi, dans la seconde hypothèse, il » ne le pourrait faire sans cumuler le possessoire » avec le pétitoire. » (Bourbeau, nᵒˢ 362-423; Curasson, 11, nᵒ 29.)

§ IV. — *De la jonction des possessions.*

En matière possessoire, la jonction des possessions joue le même rôle qu'en matière pétitoire. Il y
a donc lieu de rechercher la ligne de conduite que
doit suivre le juge du possessoire pour éviter l'écueil
du cumul, dans l'appréciation qu'il doit faire des
titres sur lesquels se fonde la jonction.

Les successeurs universels, ne formant avec ceux
dont ils tiennent la place qu'une seule et même personne, peuvent intenter les actions possessoires en
vertu de la possession du *de cujus*. La possession du
défunt se confond avec la leur, d'après la maxime :
Le mort saisit le vif, son hoir le plus proche. Ainsi
donc, par cela seul qu'ils ont la *saisine*, les héritiers
succèdent à la possession de leur auteur; peu importe, d'ailleurs, l'époque de l'acceptation : la possession rétroagit jusqu'au moment de l'ouverture de
la succession, pourvu qu'il n'y ait pas eu d'interruption civile ou naturelle de la part des tiers.

Les successeurs particuliers ou les ayants cause
puisent le même droit, les uns dans l'obtention de la
délivrance et l'envoi en possession, et les autres dans
le contrat translatif de propriété.

Nous devons noter toutefois la différence capitale
qui existe dans la transmission, suivant qu'elle s'opère
au profit des uns ou des autres. La possession des
successeurs universels n'est que la continuation de
celle de leur auteur, et ne peut dès lors ni en être sé-
parée, ni avoir d'autres caractères qu'elle. Le tout

10

forme une seule et même possession. Celle, au contraire, des successeurs particuliers ou ayants cause reste distincte de celle de leur auteur, et ils sont libres de la joindre à la leur pour les invoquer toutes deux, ou de rompre la chaîne qui les unit pour s'en tenir à celle qui leur est propre. Cette différence a été précisée par Justinien avec une remarquable exactitude, lorsqu'il a écrit dans ses Institutes (liv. II, t. vi, §§ 12 et 13) qu'entre le défunt et l'héritier *tempora continuantur,* tandis qu'entre le successeur particulier et son auteur *tempora conjunguntur.* Ce principe important, que semblerait contredire dans sa rédaction défectueuse l'art. 2235, existait dans notre ancienne jurisprudence française, ainsi que l'enseigne Pothier (n° 112-125, *de la Prescript.*). Il est formellement reconnu dans l'exposé des motifs, le Code l'a consacré dans les art. 2237-39 ; aussi n'est-il contesté par personne.

Ce principe admis, demandons-nous quel sera le rôle du juge de paix en ce qui concerne la jonction des possessions. Ce rôle, vis-à-vis les successeurs universels, sera bien simple. Il aura à examiner et rechercher dans les titres les faits et circonstances de la cause, les caractères de la possession de l'auteur, puisque cette possession est censée se poursuivre dans la personne du successeur avec les vices et les qualités qu'elle pouvait avoir dans celle de son auteur. Il devra trancher en fait, et au point de vue du possessoire, les difficultés qui pourront surgir, en se conformant aux principes que nous avons précédemment posés.

La règle à suivre présente plus de difficultés quand

la question de jonction s'agite entre des ayants cause
puisant leurs droits dans un contrat translatif de propriété. D'après les principes de notre législation actuelle, la propriété est transférée par le seul consentement des parties contractantes, sans avoir besoin,
comme dans la législation romaine, du concours de
la tradition. Cette règle, sans aucun doute, doit s'appliquer à la possession. Ainsi, la possession est transférée par la seule force du consentement, et l'action
possessoire qui pouvait être exercée par le précédent
propriétaire passe à celui au profit duquel il s'est dépouillé, sans que ce dernier ait fait sur l'immeuble
aucun acte de possession. La loi de 1855 a cependant restreint l'application de cette règle au regard
des tiers, et le principe nouveau introduit par elle
pourrait, suivant nous, exercer quelque influence sur
la décision à rendre en matière possessoire. Prenons
l'exemple suivant : Secundus et Tertius, l'un demandeur et l'autre défendeur à l'action possessoire, ar-
gumentent tous les deux de la possession de Primus
qu'ils prétendent être leur auteur commun. Tertius
invoque un acte transcrit, alors que celui de Secundus n'a pas été soumis à cette formalité ou n'y a été
soumis qu'à une date postérieure. La priorité de la
transcription, d'après les principes nouveaux intro-
duits par la loi de 1855, tranchera la difficulté. Mais
le juge de paix devra-t-il résoudre la question que
soulève le conflit? nous ne saurions le soutenir. La
question à résoudre est essentiellement une question
de transcription. Ni Secundus ni Tertius n'ayant
une possession annale de leur chef, la question de
possession est subordonnée à la question de trans-

cription, qui, nous le répétons, doit être résolue en faveur de celle des parties qui la première a soumis son contrat à cette formalité. Le juge du possessoire se rendrait certainement coupable de cumul, si, pour accorder la préférence à l'un d'eux, il se fondait sur ce que le titre de Secundus a été le premier transcrit. Que devra-t-il donc faire? déclarer la demande non justifiée, puisque, le demandeur ne justifiant pas d'une possession annale personnelle, la question de priorité de transcription n'est pas de sa compétence.

Ne devrait-il pas en être autrement si la question de transcription restait étrangère aux débats, si, par exemple, Secundus et Tertius se prévalaient l'un et l'autre de la possession de Primus, leur vendeur commun, et produisaient des titres de vente non transcrits à l'appui de leurs prétentions respectives? Notre savant maître, M. Bourbeau, donne dans les deux cas la même solution. Suivant lui, ni Secundus ni Tertius n'ayant une possession annale de leur chef, la question de possession ne peut se trancher qu'en recherchant dans les titres quel est celui des deux qui succède aux droits de Primus; qu'en un mot il faut reconnaître quel est le propriétaire pour dire quel est le possesseur; qu'ainsi on ne pourrait reconnaître au juge du possessoire le droit d'apprécier la question de validité des titres et cumuler le pétitoire et le possessoire. C'est, en effet, ce qu'a décidé un arrêt de la chambre civile de la cour de cassation, du 11 août 1819. D'après cet arrêt, il y aurait cumul si le juge de paix entrait dans l'examen de la nullité ou de la validité des titres pour joindre la possession du vendeur à celui des deux acquéreurs dont le titre serait jugé valable. C'est également l'opinion professée par Curasson (sect. II, n° 28).

Il nous semble que c'est exagérer le rôle du juge du possessoire que de penser qu'il sera obligé, pour la solution du litige, de trancher les questions de nullité ou de validité des titres. Suivant les principes que nous avons émis il y a quelques instants, et qui étaient à l'abri de toute controverse avant la loi de 1855 et qui sont encore vrais chaque fois que ne s'agite pas la question de transcription entre les divers acquéreurs d'un même vendeur, la possession est, comme la propriété elle-même, transférée, à l'égard de tous, par le seul effet du consentement. Or, une fois l'accord intervenu entre le vendeur et l'acquéreur, la possession est passée de la tête de l'un sur la tête de l'autre. Le vendeur ainsi dépouillé n'a pu transmettre au second acquéreur une possession qu'il n'avait plus, en sorte que les actes de possession que pourra exercer ce nouvel acquéreur seront autant de troubles à une possession régulièrement acquise. Le juge de paix n'aura donc pas à se préoccuper de la validité des titres ; il lui suffira, eu égard aux dates des conventions, de joindre la possession du vendeur à celle du premier acquéreur et de baser sur ce fait son jugement de maintenue. C'est la théorie qu'a consacrée la cour suprême par deux arrêts, l'un de la chambre des requêtes du 12 fructidor an X, l'autre de la chambre civile du 16 janvier 1821. D'après ces arrêts, entre deux acquéreurs d'un même bien, demandeurs en complainte l'un contre l'autre, mais dont aucun n'a, de son chef, la possession annale, la préférence est due à celui qui, étant le premier en titre , doit être considéré comme ayant succédé à la possession du vendeur, quoique l'autre acquéreur ait eu le premier la possession matérielle de la chose. L'arrêt de l'an X , rendu sur les conclusions conformes du procureur général Merlin , est approuvé par Henryon de Pansey (chap. 51).

Nous admettons donc une solution différente suivant que la question possessoire s'agite entre deux acquéreurs produisant ou non des titres transcrits. La transcription, en effet, opère, au regard des tiers, la consolidation non - seulement de la propriété , mais encore de la possession, au profit de celui qui la requiert. Or, dans l'hypothèse prévue, Tertius est un tiers vis-à-vis Secundus , et ce dernier, ayant requis le premier cette formalité, doit pouvoir vis-à-vis Tertius s'en prévaloir. Seulement, comme ici la solution de la question possessoire est subordonnée à la priorité de la transcription, nous pensons que le juge de paix ne pourrait la résoudre sans cumuler le pétitoire et le possessoire. Dans la deuxième hypothèse, au contraire, Secundus et Tertius se présentant l'un et l'autre comme acquéreurs de Primus sans exciper de titres transcrits , leur litige devrait être soumis à la règle antérieure à la loi de 1855 , d'après laquelle la vente était parfaite et la propriété et possession transmises à l'acquéreur vis-à-vis de tous par le seul consentement des parties. Le juge du possessoire, sans avoir à entrer dans l'examen des titres , devrait donc se prononcer en faveur de Secundus qui , en sa qualité de premier acquéreur , aura été le premier possesseur, et pourra joindre à sa possession celle de son vendeur.

Celui qui, par l'effet d'une condition résolutoire ou d'une action en nullité ou rescision, recouvre la chose qu'il avait aliénée, peut se prévaloir de la possession acquise à la personne évincée. Mais, dans ces hypothèses, une difficulté analogue à celle que nous venons d'examiner peut se présenter. Prenons un exemple : Primus a vendu à Secundus un immeuble ; Secundus le vend à son tour à Tertius. Primus fait résoudre le premier contrat. Si Primus, vendeur, et Tertius, sous-acquéreur, n'ont point une possession annale de leur chef, quel est celui des deux qui pourra s'attribuer et invoquer la possession de Secundus ? Nous croyons que c'est Tertius, par cette raison bien simple que Secundus a possédé pour Tertius, son acheteur, à partir du second contrat de vente. Nous faisons le même raisonnement que dans l'hypothèse précédente, résolue par les arrêts de l'an X et de 1821. Tertius ayant eu le premier la possession, les actes de maître de Primus sont autant de troubles à une possession régulièrement acquise. Le juge du possessoire pourra donc également, dans ces cas, et sans avoir à examiner la validité des titres de Primus et de Secundus, se décider, par cette considération, en faveur de Tertius.

§ V. — *De l'interversion de la possession.*

L'interversion de la possession présente, au point de vue du cumul, des difficultés non moins graves que celles que nous venons d'examiner en nous occupant de la jonction des possessions. Avant de les aborder, disons quelques mots du principe et des divers cas d'interversion.

La possession, nous l'avons dit dans notre introduction, est la détention physique qu'on exerce, à titre de propriétaire, par soi-même ou par un tiers qui l'exerce pour soi. Cette détention doit nécessairement être accompagnée de l'*animus domini* aussi bien pour les actions possessoires que pour la prescription. Ceux qui possèdent à tout autre titre, et sans avoir cet *animus domini*, reçoivent tous dans notre droit le nom générique de *détenteurs précaires*. A Rome, la possession précaire avait un sens bien plus restreint : elle ne s'entendait que du cas tout particulier d'un individu qui jouissait de la chose par la concession, purement gratuite et toujours révocable, que, sur sa prière *(precibus, precario)*, ce propriétaire avait bien voulu lui accorder.

La question de précarité devant soulever de nombreuses difficultés dans la pratique, le législateur a pris soin de poser dans les art. 2230-31, au point de vue de la preuve, les deux présomptions suivantes : 1° Dans le doute, le détenteur est toujours présumé posséder pour lui ; mais cette présomption tombe non-seulement devant la preuve contraire, mais aussi devant cette autre présomption ; 2° lorsque le possesseur a commencé à posséder pour autrui, il est présumé posséder encore à ce même titre, s'il ne prouve que sa possession, d'abord précaire, s'est transformée en une possession *animo domini* par un des actes que nous aurons à examiner.

Le vice de précarité est un vice absolu. A Rome, il était simplement relatif, ainsi qu'il résulte de la

maxime : *nec vi, nec clam, nec precario ab adver-*
sario. D'après les idées nouvelles admises dans notre
législation, la précarité étant destructive de l'*animus*
domini, et l'absence de cet *animus* annihilant toute
possession, il en découlait, comme conséquence, que,
n'ayant pas possédé, le détenteur précaire ne devait
pouvoir se prévaloir de prescription contre personne;
aussi l'art. 2235 proclame-t-il que ceux qui possèdent pour autrui ne prescrivent jamais.

On oppose aussi à la possession *animo domini* la
jouissance de simple faculté et la jouissance de simple
tolérance, qui, ainsi que la précarité, entachent la
possession d'un vice originel et lui enlèvent toute
efficacité. Les actes de pure faculté peuvent dériver
de trois sources : 1° ils peuvent avoir leur origine
dans la nature même des choses ; 2° ils peuvent dériver de la loi ; 3° ils peuvent avoir pour cause un droit
appartenant à tous les membres d'une certaine communauté d'habitants. Mais quelle qu'en soit l'origine,
ils sont tous soumis à ce principe qu'en usant d'une
faculté on ne se crée pas de droit au préjudice d'autrui, et qu'en négligeant d'utiliser une faculté on n'est
point exposé à la perdre par la prescription. Les actes
de tolérance nous paraissent être ceux qui supposent,
entre celui qui les exerce et celui qui les souffre, un
certain rapport, purement de fait, fondé sur les rela-
tions de familiarité et de bon voisinage. Mon voisin,
par amitié ou par esprit de complaisance, tolère mes
actes de jouissance sur son fonds : il ne sera pas victime de sa tolérance, car ces actes ne me créeront
aucun droit de possession.

Les actes de simple tolérance diffèrent des actes de

faculté en ce qu'ils s'exercent en vertu d'une permis-
sion tacite, qui peut toujours être retirée par celui qui
l'a donnée, tandis que ceux de pure faculté s'exercent en vertu d'un droit primordial, commun à tous
les hommes, et ne supposent aucun rapport juridique
avec les tiers, ni aucune entrave possible.

Nous devons ajouter toutefois, à l'égard des actes
de simple tolérance, que si, du jour où mon voisin
s'oppose à leur exercice, je continue mes actes de
jouissance avec résistance et obstination, ma jouissance cessera d'être le résultat de la tolérance et deviendra utile à prescrire. Le juge du possessoire devant lequel s'agitera la question d'utilité de la possession aura à rechercher dans l'ensemble des faits les
caractères de ma possession nouvelle, et à dégager
des circonstances dans lesquelles se sera produite
ma résistance l'esprit qui me l'aura dictée. Cette
appréciation présente souvent dans la pratique des
difficultés assez sérieuses ; mais c'est à la sagacité
du juge spécial qu'il appartient de les trancher ; il
ne peut venir à l'esprit de personne de parler ici de
cumul et de ne pas lui accorder ce pouvoir d'appréciation dans la plus large mesure.

Revenons à l'interversion. La précarité, avons-nous
dit, est un vice qui inficie la détention à un degré tel,
qu'elle ne saurait devenir efficace, quelle que soit sa
durée, à moins qu'elle ne vienne à être vivifiée par une
des causes d'interversion édictées par la loi. Ce vice
atteint non-seulement le détenteur lui-même, mais
encore ses successeurs universels, puisque la pos-
sion de ces derniers n'est que la continuation de
celle de leur auteur. Aussi, pour eux, est essentielle-

ment vraie la vieille maxime : *Melius est non habere titulum quam habere vitiosum.* Le successeur particulier, au contraire, pouvant à son choix joindre à sa possession celle de son auteur ou s'en tenir à la sienne, commencera une possession nouvelle qui, avec l'*animus domini*, deviendra utile à prescrire.

Nous définirons l'interversion de possession : le fait juridique qui se produit lorsque celui qui détient la chose en vertu d'un titre précaire donne à sa possession une cause nouvelle qui en efface le vice, ou se trouve investi par un tiers d'un titre nouveau en vertu duquel il exerce désormais la possession à titre de propriétaire.

Il y a donc deux causes d'interversion. La première a lieu lorsqu'un tiers transmet le bien au détenteur par un titre translatif de propriété. Si, à compter de l'obtention de ce nouveau titre, le détenteur se met à posséder avec toutes les conditions requises par l'art. 2229, sa possession devient efficace. Il faut toutefois que la collation du titre émane d'un tiers, parce que, aux termes de l'art. 2240, nul ne peut se changer à soi-même la cause et le principe de sa possession.

Doit-on exiger la bonne foi chez le détenteur ? nous ne le pensons pas (Troplong, t. I, n° 432, Dall., v° *Presc.*, n° 384 ; Limoges, 2 décembre 1854 ; Dev., 1856, 2, 549). Si cependant l'acte, au lieu d'être sérieux, n'était qu'une simulation, la métamorphose de la possession ne s'opérerait pas ; mais, dans ce cas, l'obstacle ne viendrait pas de la mauvaise foi du détenteur, mais bien du défaut de collation réelle d'un titre nouveau par un tiers. Ce serait alors le détenteur lui-même qui, avec le concours d'un compère, se serait conféré à lui-même le prétendu titre. Mais du moment que l'acte est sérieux, quoique fait de mauvaise foi, il y a interversion. Si le propriétaire transférait la propriété au détenteur précaire, il ne serait pas nécessaire que ce détenteur se mît à jouir *animo domini* de l'immeuble objet de son acquisition ; pouvant exciper de la possession de son vendeur, il ne tiendrait qu'à lui, en cas de trouble dans l'année de la vente, d'intenter l'action possessoire, ainsi que nous l'avons exposé en rappelant les règles applicables aux acquéreurs en général.

Le juge de paix, en matière possessoire, devra-t-il rechercher et appliquer les principes que nous venons d'exposer? Nous n'hésitons pas à le penser, et c'est pour cette raison que nous avons cru devoir les énoncer brièvement. Nous admettons ici la solution que nous avons admise en nous occupant des servitudes discontinues. On peut objecter, il est vrai, que la possession, précaire à l'origine, ne pouvant être utile que lorsque le détenteur se prévaut d'un titre translatif qui en purge le vice, le juge du possessoire, pour déclarer le fait de l'interversion, doit reconnaître d'abord le droit de propriété nouvellement acquis et cumuler dans sa sentence la reconnaissance de ce droit avec l'appréciation des faits nouveaux de possession. Mais à cela on peut répondre que le titre sert uniquement à colorer la possession, et que le juge, pour résoudre la question qui se rattache au caractère des actes par lesquels elle s'est exercée, n'a besoin que d'un titre apparent, fût-il émané d'un autre que du véritable propriétaire. Cet examen du titre ne constitue donc pas de cumul, puisqu'il ne sert qu'à démontrer la métamorphose qui s'est opérée dans la possession du détenteur, et que nous avons admis comme principe que, pour déterminer les caractères de la possession, le juge du possessoire peut et doit consulter les titres produits.

Le seconde cause d'interversion est celle qui vient de la contradiction opposée par le détenteur au droit du propriétaire pour lequel il possède. Elle existe toutes les fois que le détenteur précaire, soit judiciairement, soit extrajudiciairement, résiste ouvertement à l'exercice du droit de celui pour lequel il possédait, en niant positivement ce droit. Ainsi, quand un preneur, se prétendant tout à coup propriétaire, expulse son bailleur du domaine ; quand il lui signifie qu'il entend posséder la chose pour son compte ; quand, poursuivi en paiement de loyers, il répond que l'immeuble est à lui, dans ces cas et autres semblables la contradiction est manifeste et le détenteur pourra commencer une possession utile. « Il en serait autrement, dit M. Bourbeau, du simple refus de payer les fermages. » — « Ce serait une erreur de voir, observe Troplong (t. II, n° 513), une contradiction dans une abstention, dans un fait négatif ; il faut nécessairement une dénégation formelle, un refus positif, un désaveu du droit contre lequel on prescrit. » — « De même, *a fortiori*, le détenteur précaire qui dénaturerait l'immeuble confié à sa garde n'aurait pas suffisamment contredit le droit du propriétaire » (Léligois, v° *Interv. de tit.*).

La preuve de la contradiction doit différer suivant qu'elle est orale ou qu'elle résulte de faits extérieurs.

Dans le premier cas, elle ne peut résulter que d'un écrit, et la preuve testimoniale ne serait pas admise. Dans le second cas, il y a controverse. Suivant Vazeille (p. 166), Dalloz (v° *Presc.*, n° 12) et Bourbeau (n° 424), il faudrait une preuve écrite de l'intention manifestée par le détenteur précaire. Troplong (II, n° 514), Aubry et Rau (II, 180, not. 13), Léligois (v° *Interv.*, § 5), admettent la preuve testimoniale quand la contradiction résulte de faits qui parlent aux yeux de tous, et qui sont par eux-mêmes une protestation évidente contre le droit du propriétaire. Cette dernière opinion nous semble préférable. A quoi bon un acte extrajudiciaire ? Le fermier qui chasse son propriétaire ne manifeste-t-il pas son intention d'une façon assez énergique et assez peu équivoque ? Malgré vos défenses, je continue à mener paître mes troupeaux dans vos terres en friche, je brise les clôtures : ces actes sont assez éclatants pour que vous ne puissiez vous méprendre sur leur portée.

Constater les caractères de cette interversion et des actes qui l'établissent, tel sera le devoir du juge du possessoire. C'est en effet la possession dont il recherche la valeur lorsqu'il apprécie la nature du titre ou des faits extérieurs en vertu desquels elle s'exerce. S'il admet la preuve de ces faits, c'est lui qui doit procéder à l'enquête, car les témoignages ne doivent avoir d'autre résultat que d'éclairer la possession, qui sera la base de sa sentence. Qu'on ne s'avise pas de parler ici de cumul et d'objecter qu'il tranchera la question de validité de l'acte judiciaire ou extrajudiciaire duquel le détenteur précaire voudra induire l'interversion. Cette objection nous paraît

trait sans valeur ; car l'interversion, quand elle résulte du fait du détenteur lui-même, provient moins
du titre que de la métamorphose de la possession qui
prend sa source dans les actes ou dans les faits extérieurs.

Il nous reste à examiner la question de savoir si
le juge du possessoire devrait également constater
l'interversion de possession résultant d'une loi spéciale qui aurait rendu efficace une possession originairement précaire. La cour de cassation, par arrêt
du 22 novembre 1858, a décidé que le juge du possessoire ne pourrait, sans entrer dans l'examen du
fond et sans violer la prohibition du cumul, apprécier les effets d'une loi invoquée par le détenteur de
l'objet litigieux comme ayant interverti son titre originairement précaire en lui substituant un titre de
propriété. Cet arrêt (D., 59, 1, 127) est approuvé par
l'annotateur de Dalloz, par le motif « que, le défendeur à l'action entendant se faire maintenir dans une
possession purement précaire à l'origine en excipant
d'une interversion qui aurait été le résultat non de
faits exercés à titre de propriétaire, mais d'une loi à
interpréter, il est manifeste qu'il y a là un pur moyen
de droit qui sort des attributions du juge du possessoire, » Ainsi, d'après M. Dalloz et son annotateur,
le juge du possessoire n'aurait à rechercher les caractères de l'interversion qu'autant qu'elle serait le
résultat de *faits* exercés à titre de propriétaire. Nous
n'avons pas besoin de faire remarquer que cette
théorie est tout au moins étrange. Si elle était vraie,
elle serait le renversement des idées les plus généralement admises en matière possessoire. Aussi a-

t-elle trouvé de nombreux contradicteurs. La possession, en effet, ne repose pas seulement sur des faits
matériels, nous l'avons dit souvent dans le cours de
notre dissertation ; elle est toujours, à raison des
caractères légaux qui doivent s'y rencontrer, mélangée de droit et de fait ; et de même que le juge du
possessoire doit consulter la loi pour y découvrir
l'origine précaire de la possession, de même aussi il
doit pouvoir l'interpréter quand elle lui donne la vie
en effaçant le vice qui la rendait inefficace. Pourquoi
refuser, dans ce cas spécial, au juge du possessoire le
pouvoir de constater la métamorphose qu'a subie la
possession, alors que la doctrine, la jurisprudence et
M. Dalloz lui-même sont unanimes à le lui reconnaître quand il s'agit de déclarer utile la possession
de la servitude de passage en se fondant sur le titre
légal qui résulte de l'enclave ? *Ubi eadem ratio, ibi-
dem jus esse debet.* « Ce que la loi défend au juge,
» dit M. Bourbeau (n° 425), c'est de ne tenir compte
» que du droit et de suppléer aux faits par un titre
» conventionnel ou légal, de conclure en un mot
» du droit de propriété au droit de possession. Mais
» lorsqu'il s'agit de rechercher si la possession pré-
» caire est ou non intervertie par une disposition
» légale, le juge se trouve en présence de faits dont
» il doit déterminer la portée. Il interprète les faits
» et non la loi, qui est le moyen et non l'objet de cette
» œuvre d'interprétation. »

Sur ce point, nous croyons donc devoir conclure
que le juge de paix doit rechercher et constater l'influence de l'interversion sur les faits de possession
lorsque cette interversion s'appuie sur une loi.

SECTION IV.

CUMUL PAR SUITE DE MODIFICATIONS APPORTÉES PAR LE JUGE DE PAIX A L'ÉTAT ANCIEN DES LIEUX.

Le juge de paix, en matière possessoire, n'a d'autre mission que de rechercher les faits de possession, de les caractériser à l'aide des documents et des titres que les parties litigantes produisent à l'appui de leurs prétentions. Lorsque, sur ce point, sa conviction est faite, il doit se borner dans sa sentence à rejeter la demande ou à la déclarer fondée, en maintenant en possession celle des parties qui a été victime du trouble et en ordonnant, comme conséquence, le rétablissement des lieux dans l'état où ils étaient avant le fait qui l'a motivée. Il ne doit jamais oublier qu'il ne peut s'agiter devant lui d'autre question que celle de la possession, et qu'il se rendrait coupable de cumul en admettant dans sa sentence des faits qui y fussent étrangers. Ainsi, « il y aurait cumul, nous dit Curasson (sect. IV, n° 17), si, au lieu de se borner au maintien du demandeur dans sa possession annale, le juge du possessoire accueillait une exception qui tendrait à changer les lieux et à y substituer un mode de jouissance que le défendeur prétendrait être aussi avantageux pour la propriété ou l'exercice du droit du demandeur. » Le principe de la séparation du pétitoire et du possessoire est, en effet, tellement absolu, que tout ce qui tient au pétitoire doit être écarté avec soin de la sentence par le juge du possessoire. Si le défendeur offrait d'établir

11

des travaux destinés à l'exercice du droit du demandeur en maintenue, en supposant même que ces
offres lui parussent de nature à satisfaire les exigen-
ces de ce dernier, le juge n'aurait pas à en examiner
la suffisance, le possessoire ne pouvant avoir d'autre
objet que le maintien dans la possession actuelle.
Sur une demande en complainte relative à un cours
d'eau, le défendeur offrait d'établir un canal artificiel.
Ce travail devait mettre fin au procès, tout en sauve-
gardant les droits du demandeur. Un tribunal, statuant en appel, avait cru devoir s'arrêter à ses offres;
son jugement fut cassé par la cour suprême, par le
motif suivant : « Attendu que ces offres ne consti-
» tuaient pas une exception à l'action possessoire ;
» qu'elles changeaient la nature du litige, puisqu'elles
» n'étaient pas relatives à la possession, mais avaient
» pour objet de faire reconnaître le droit que le dé-
» fendeur prétendait avoir de changer la disposition
» des lieux et le mode d'exercice du droit invoqué
» par le demandeur » (cass. 6 avril 1831, D.,
p. 115).

Le juge de paix violerait aussi l'art. 25 du Code
de procédure si, par application de l'art. 701 du
Code civil, il décidait que le demandeur au possessoire n'est pas fondé à se plaindre du changement
de l'assiette de la servitude, par la raison que le
nouveau siège de la servitude paraît aussi commode
que l'assignation primitive. Il est vrai que Curasson
(sect. III, n° 82) et Wodon (II, n° 513) admettent
une opinion contraire; mais elle est victorieusement
combattue par M. Demolombe (XII, n° 902), qui
veut que les juges du pétitoire puissent seuls tran-

cher le désaccord entre les propriétaires des fonds
dominant et servant au sujet du changement d'assiette de la servitude. C'est aussi ce qu'a décidé la
cour de cassation (req. 1er août 1871 ; S., 71, 1,
130).

Il ne faudrait cependant pas exagérer le principe.
Ainsi, on ne saurait trouver une violation de la prohibition du cumul dans la défense faite au défendeur
de troubler à l'avenir le demandeur dans sa possession. Cette injonction surabondante, qui est pour
ainsi dire passée dans la pratique à l'état de formule,
n'est, en effet, que la conséquence du maintien du
demandeur dans la possession du droit reconnu en
sa faveur, et ne peut faire obstacle à l'exercice ulté-
rieur de l'action pétitoire de la part du défendeur.

Il en serait de même de certaines mesures provi-
soires propres à faire cesser le plus promptement
possible le trouble apporté à la jouissance du demandeur. Il ne suffit pas toujours, en effet, lorsque l'existence du trouble est reconnue, et qu'elle résulte de
certains travaux, d'ordonner que les choses seront
remises dans leur état primitif ; il faut encore souvent ordonner la suppression des causes du trouble,
ce qui implique, au profit du juge, le pouvoir de prescrire toute mesure de nature à en prévenir le renou-
vellement, à la condition, bien entendu, qu'il n'en
résultera pour le possesseur aucun avantage nouveau,
soit quant à l'existence, soit quant à la protection
plus grande de son droit. Ainsi, il a été décidé que
le juge du possessoire, saisi d'une action ayant pour
objet une prise d'eau dans une rivière, peut ordonner
que le propriétaire de la rivière, s'il ne veut pas ou-

vrir lui-même la vanne au moyen de laquelle s'exerce la prise d'eau, remettra la clef de cette vanne au demandeur au possessoire (cass., 17 août 1857; S., 57, 1, 833).

Il n'y aurait pas non plus cumul dans une décision qui ordonnerait l'établissement de certains travaux, d'un déversoir en pierre par exemple, pour fixer le niveau que ne pourront atteindre les eaux et prévenir par là les abus d'un meunier qui les fait refluer en dehors des cas de nécessité et uniquement pour irriguer certaines prairies voisines, si cette manœuvre est de nature à nuire à un coriverain (cass., 24 août 1870; S., 71, 1, 129).

Il en serait encore de même de la décision par laquelle le juge du possessoire n'a ordonné la suppression des causes du trouble qu'autant que les juges du pétitoire ne seraient pas saisis dans un délai déterminé (cass., 6 déc. 1871; S., 72, 1, 28).

Il résulte de ces arrêts, que nous citons à titre d'exemples et que nous pourrions multiplier, que, si le juge du possessoire ne peut sans cumul prescrire des mesures touchant au pétitoire, il doit, au contraire, s'enquérir de celles qui sont propres à assurer l'exécution du jugement au possessoire et les mettre à la charge de celle des parties qui, par ses tracasseries, est venue apporter un trouble à une possession légalement établie. Le mal existe, il faut l'extirper jusque dans ses racines, et nul mieux que le juge de paix qui a été appelé à en reconnaître l'existence ne saurait y apporter de plus salutaires remèdes. Il est donc rationnel de lui en laisser le choix.

SECTION V.

CUMUL PAR SUITE DE DEMANDES RECONVENTIONNELLES.

Le défendeur à une instance possessoire peut y répondre en soutenant qu'il n'est pas l'auteur du trouble ou de la spoliation, ou bien en niant l'existence même du trouble ou de la possession, ou bien encore en excipant d'un défaut de qualité du demandeur. Ce sont là les cas de défense que le juge du possessoire a le plus ordinairement à examiner. Mais il peut aussi se porter reconventionnellement demandeur et exciper de la possession, soit à l'exclusion du demandeur, soit en concurrence avec lui, et conclure à être maintenu en possession. Le juge du possessoire examinera alors simultanément les deux demandes, en prononcera la jonction et les résoudra par un seul et même jugement. A part la question des copossessions, dont notre sujet ne comporte pas l'étude, les difficultés que les demandes principale et reconventionnelle possessoires soulèveront dans la pratique, au point de vue du cumul, sont soumises aux règles générales que nous avons exposées.

C'est surtout au concours des actions possessoires et des quelques actions pétitoires de la compétence du juge de paix que se rattachent les controverses les plus graves de cette matière. N'est-il pas, en effet, des cas où l'action pétitoire devrait être accueillie à titre de demande reconventionnelle par le juge de paix saisi d'une action possessoire? La cour de cassation a jugé, par arrêt du 11 décembre 1844 (S., 45,

1, 254), que le défendeur à une action possessoire
peut former reconventionnellement devant le juge
du possessoire une demande pétitoire toutes les
fois que cette demande aurait pu être formée isolément par la voie principale, comme serait, par
exemple, une demande tendant à faire arracher des
arbres plantés depuis plus d'un an à une distance
moindre que la distance légale. Cet arrêt a même
obtenu l'approbation de MM. Bourbeau (415), Bioche (1207). Le principe qui semblerait en découler
ne nous paraît pas toutefois à l'abri de toute critique. Admettre qu'une demande pétitoire de la
compétence du juge de paix puisse être l'objet d'une
reconvention dans un procès possessoire est pour
nous le renversement de toutes les idées que nous
avons émises en matière de cumul, et nous considé-
rerions comme violant la prohibition de l'art. 25 le
jugement qui le déciderait. La règle de l'art. 25, en
effet, n'est pas uniquement une règle de compétence :
elle nous vient, ainsi que nous l'avons exposé, de
l'ancien droit, où le même juge connaissait du possessoire et du pétitoire, mais en connaissait séparément
et ne devait rien statuer sur le pétitoire tant que l'instance sur le possessoire n'était pas entièrement terminée. Elle a pour but de faire respecter la possession
en réprimant promptement les faits de spoliation ou
de trouble. La demande pétitoire formée par le défendeur au possessoire devrait donc être considérée
non comme une demande reconventionnelle, mais
comme une demande principale, introductive d'une
nouvelle instance ; elle serait non recevable, par application de l'art. 25.

Nous admettrions la même solution dans le cas où
le défendeur à une action en complainte pour antici-
pation opposerait à la demande originaire une demande reconventionnelle en bornage, et nous esti-
merions encore, par le motif que nous venons
d'énoncer, que cette action pétitoire ne pourrait être
vidée qu'après l'action possessoire.

Il en serait encore de même si le défendeur à une
demande en extraction d'arbres ou en destruction de
travaux faits en contravention de l'art. 674 du Code
civil excipait de la possession annale du terrain intermédiaire jusqu'à la limite de la distance légale.
Devant une reconvention ainsi formulée, le juge de
paix devrait surseoir à l'examen de la demande principale jusqu'après le jugement de la contestation de
la possession; car, si le défendeur fournissait la
preuve de la possession du terrain, la demande de
son adversaire n'aurait plus de fondement légal. Mais
si le défendeur excipait simplement de la possession
annale des arbres litigieux ou des ouvrages, sa demande reconventionnelle serait sans efficacité, et le
juge de paix ne devrait pas s'y arrêter; il déclarerait
le défendeur non recevable à invoquer cette possession annale, qui ne peut prévaloir contre l'obligation
légale de respecter la distance et observer les usages.
(Bourbeau, 261, 381, 415; Bioche, nᵒˢ 950-51;
cass. 7 nov. 1860, S., 61, 1, 879).

D'autre part, le défendeur à l'action en bornage
pourrait bien former une demande reconventionnelle
tendant à la répression des anticipations commises
dans l'année à son préjudice et demander à être maintenu dans sa possession annale; mais ces deux ac-

tions ne pourraient être menées concurremment, et le juge de paix devrait tout d'abord statuer sur l'action reconventionnelle, la solution du possessoire devant toujours, suivant nous, avoir la préséance. Cependant, si la possession annale n'était invoquée par le défendeur que comme une présomption de propriété à l'appui de ses prétentions sur l'étendue des limites, nous pensons qu'il n'y aurait là qu'une question de bornage que le juge de paix pourrait résoudre en prenant pour base de son jugement, à défaut d'autre preuve, la possession annale. On pourrait objecter, il est vrai, que, l'action en bornage étant de sa nature pétitoire, autoriser le juge de paix à appuyer sa décision sur la possession annale, c'est manifestement lui permettre de cumuler l'un et l'autre, contrairement à la prohibition, et que, refusant au juge de paix, pris comme juge du possessoire, de statuer sur une demande reconventionnelle pétitoire, nous devrions, pour le même motif et par réciprocité, ne pas lui permettre, quand il est pétitoirement saisi, de s'occuper de la possession annale. Cette objection ne serait pas fondée. En effet, lorsque dans l'opération du bornage on excipe de la possession annale, on n'intente point une action possessoire, on produit seulement une preuve à l'appui de sa cause, on cherche à fortifier son droit de propriété par le fait de sa jouissance. Dans ce cas, le juge ne rétablit pas directement dans la possession annale, il fait seulement abstraction d'une jouissance non annale pour prendre en considération celle qui a en sa faveur la sanction du temps. Aussi tous les auteurs enseignent-ils que la possession à laquelle on doit avoir égard dans le bornage

est la possession annale (Pardessus, *Serv.*, 127 ;
Bourbeau, 228 ; Bioche, 949). — Curasson (n° 20,
Traité du born.) résume son avis dans les termes suivants : « Dans tous les cas où il reste des doutes sur
» la fixation des limites, le possesseur, à ce qu'il
» nous semble, doit conserver ce qu'il possède ; et
» il suffit de la possession annale, cette possession
» étant une présomption légitime dont l'effet ne peut
» être détruit que par un titre. » La cour de cassation
a sanctionné cette théorie par arrêt du 12 juin 1865
(S., 65, 1, 307).

Le juge de paix, aux termes de l'art. 5 § 1 de la
loi de 1838, est compétent pour connaître des actions
en dommages aux champs, à quelque valeur que s'é-
lève la demande ; mais si le défendeur prétend n'avoir
fait qu'exercer un droit de propriété ou de servitude,
sa compétence s'évanouit, et le tribunal doit connaître
et de la question de propriété ou de servitude, et de la
question de dommage. Ce point, qui ressort nettement des termes de la loi, est consacré par une jurisprudence indiscutable.

Si le défendeur à l'action en dommages aux
champs excipait simplement de la possession annale,
le juge de paix saisi de l'action originaire devrait-il
statuer sur la demande reconventionnelle possessoire ? M. Bourbeau (228) répond affirmativement :
« La question de possession rentre dans les attribu-
» tions du juge de paix, et devient un incident de
» l'instance originaire. Rien ne s'oppose à ce que le
» juge de paix statue sur la possession annale con-
» testée entre les parties, et qu'il prenne cette posses-
» sion constatée comme base de la décision à rendre
» sur le fond de la demande. » Cette opinion est

exactement vraie, mais il faut la resserrer dans les termes mêmes où elle est énoncée. Si donc la demande reconventionnelle possessoire rencontrait chez le demandeur originaire une dénégation portant non plus seulement sur l'existence et les caractères de la possession annale, mais sur le fond même du droit, le juge de paix devrait ne pas s'arrêter à la question de possession annale, sous peine de s'immiscer dans les attributions des juges du pétitoire. Le tribunal de Charolles, infirmant la sentence d'un juge de paix, avait rejeté une action en dommages aux champs résultant d'un passage indu, en se fondant sur ce que les défendeurs avaient la possession annale, en vertu du titre légal de l'art. 694 du Code civil, d'une servitude de passage sur le fonds du demandeur. Ce jugement, sur le rapport de M. Larombière, a été cassé par la chambre civile, par les motifs suivants : ,

« Attendu que, sur l'action en dommages aux
» champs formée par le demandeur, les défendeurs
» ont prétendu qu'il n'y avait eu de leur part que
» l'exercice régulier d'une servitude de passage qui
» leur appartenait; que, ce droit étant contesté entre
» les parties, le juge de paix et, après lui, le tribunal
» d'appel, cessaient d'être compétents pour con-
» naître de la demande; — attendu, d'autre part,
» que, pour la rejeter, le jugement attaqué, exami-
» nant le fond même du droit, s'est uniquement
» fondé sur ce que les défendeurs avaient la posses-
» sion plus qu'annale de la servitude litigieuse; qu'il
» a ainsi décidé le pétitoire par le possessoire... »
(cass., 5 juin 1872; S., 72, 1, 371).

La cour de cassation, qui n'a fait du reste que

confirmer une jurisprudence déjà ancienne sur ce point (5 mai 1868, S., 68, 1, 335; 5 juil. 1870, S., 71, 1, 20), a sainement interprété l'art. 5 de la loi de 1838. Mais nous n'hésitons pas à penser que le jugement du tribunal de Charolles n'aurait pas subi la censure de la cour suprême, si la contestation, comme l'enseigne M. Bourbeau, n'avait porté que sur la possession annale de la servitude alléguée reconventionnellement par le défendeur.

CONCLUSION.

Tels sont les principes que nous avons cru devoir adopter sur les actions possessoires et, en particulier, sur la prohibition du cumul du possessoire et du pétitoire.

Si nous avons parfois essayé de retourner contre nos maîtres ou nos guides les armes qu'ils nous avaient mises à la main, il ne faut pas nous en savoir mauvais gré : nous avons cédé au désir de nous essayer à bégayer la langue juridique, que nous ont appris leurs remarquables ouvrages. Nous avons mis tous nos soins à dégager de leurs écrits et de la jurisprudence la plus récente la véritable portée de cette règle énigmatique si diversement interprétée : *Le possessoire et le pétitoire ne seront jamais cumulés.* Mais un œil inexpérimenté ne voit pas toujours la vérité sous le même aspect que des talents éprouvés. En nous efforçant de rendre cette dissertation complète, nous n'avons peut-être réussi qu'à la faire

longue ; mais notre modeste ambition serait satis-
faite si elle pouvait être jugée consciencieuse.

POSITIONS.

DROIT ROMAIN.

I. L'interdit *uti possidetis* pouvait faire obtenir la
réparation du préjudice antérieur à son émission.

II. Cet interdit ne pouvait être délivré comme
mesure préventive, en vue d'un préjudice futur,
même imminent.

III. Si la possession que le juge reconnaissait
exister chez l'un des plaideurs *interdicti tempore* était
vicieuse à l'égard de l'autre, ce dernier devait triompher, qu'il eût ou non pris l'initiative de la lutte
judiciaire.

IV. Les servitudes négatives, aussi bien que les
servitudes positives, pouvaient donner lieu à l'interdit *uti possidetis*.

V. L'interdit *uti possidetis* ne s'appliquait que
dans les cas où il y avait *controversia de possessione*.

VI. L'interdit *unde vi* ne compétait qu'à celui qui
avait la possession ; il n'était pas à la disposition du
simple détenteur, même en cas de *dejectio vi armata*.

VII. La constitution de Valentinien, Théodore et
Arcadius, de l'an 389, n'eut pas pour conséquence
d'étendre l'interdit *unde vi* aux choses mobilières.

DROIT FRANÇAIS.

VIII. Quelle est l'origine de la complainte ?

IX. L'annalité n'est pas requise pour l'exercice de la réintégrande.

X. En principe, le juge du possessoire peut ordonner la destruction des travaux objet du trouble, qu'ils soient commencés ou terminés, qu'ils aient été effectués sur le fonds de l'auteur du trouble ou sur le fonds d'autrui.

XI. Les actions possessoires tendant à la répression des entreprises sur les cours d'eau ne sont pas soumises à la condition de l'annalité. — Ne devrait-il pas en être de même toutes les fois que l'action possessoire est fondée sur une faculté ou sur une prescription légale ?

XII. La demande en conciliation n'est pas un obstacle à la recevabilité de l'action possessoire; peu importe que l'ajournement soit signifié dans le mois.

XIII. L'obligation imposée au défendeur au possessoire par l'art. 27 § 2 doit atteindre le demandeur et le défendeur au pétitoire qui, pendant l'instance, ont été condamnés, soit pour trouble, soit pour spoliation, par le juge du possessoire.

XIV. L'exception tirée de l'art. 27, § 2, est simplement dilatoire.

XV. Les divers cas de cumul par le juge du possessoire peuvent être ramenés à trois.

XVI. Le juge du possessoire *peut* consulter les titres. — Règles à suivre dans l'examen des titres.

XVII. Le juge du possessoire *doit* consulter les

titres quand la possession n'est utile qu'à la condition de s'appuyer sur un titre. Il suffit que le titre soit apparent.

XVIII. En matière de servitudes discontinues, *quid* quand le demandeur produit : 1° un titre émané *a non domino*, mais passant pour le vrai propriétaire ; 2° un titre purement déclaratif ou énonciatif émané *a domino*, mais auquel le demandeur n'a pas été partie; 3° un acte de contradiction ?

XIX. Seraient insuffisants pour légitimer la possession : 1° un titre simplement énonciatif émané *a non domino* ; 2° une énonciation contenue dans un titre ancien.

XX. *Quid* des servitudes négatives ?.

XXI. Si la validité du titre est contestée, le juge du possessoire doit néanmoins l'apprécier pour caractériser la possession ; mais il peut surseoir si le titre produit est un acte sous seings privés dénié ou méconnu, s'il y a lieu d'interpréter des jugements ou arrêts, ou des actes administratifs.

XXII. Le juge du possessoire doit rechercher dans les titres, afin de caractériser la possession, la destination publique de la chose litigieuse.

XXIII. Les biens imprescriptibles, à raison de la seule qualité du propriétaire, peuvent être l'objet d'une action possessoire.

XXIV. Le juge du possessoire doit connaître des questions de jonction de possession, à moins que les titres produits n'aient été soumis à la transcription et que la question de priorité de transcription ne soit en jeu.

XXV. Il doit connaître aussi des questions d'interversion de possession, même lorsque l'interversion procède d'un tiers ou de la loi.

XXVI. Il n'y a pas cumul de la part du juge du possessoire qui prescrit des mesures tendant à supprimer les causes du trouble ou à assurer l'exécution de son jugement.

XXVII. Le défendeur à l'action possessoire ne peut reconventionnellement opposer une demande pétitoire de la compétence du juge de paix.

XXVIII. Si le défendeur à une action pétitoire de la compétence du juge de paix opposait reconventionnellement une demande possessoire, le jugement de la demande reconventionnelle devrait précéder celui de la demande principale.

Vu par le président de l'acte public,
DOURBEAU.

Vu par le doyen intérimaire,
MARTIAL PERVINQUIÈRE.

Permis d'imprimer :
Le Recteur,
CH. AUBERTIN.

Poitiers. — Imp. de A. Dupré.

www.ingramcontent.com/pod-product-compliance
Lightning Source LLC
Chambersburg PA
CBHW072343200326
41519CB00015B/3644